「顧客消滅」時代のマーケティング

ファンから始まる「売れるしくみ」の作り方

Yuji Kosaka
小阪　裕司

PHP
Business Shinsho

PHPビジネス新書

序──2020年4月、顧客が消えた

「生まれて初めて、人が歩いていない伊豆を見ました」

伊豆一円に和菓子店を展開する、「石舟庵」社長・高木康行氏は言った。

伊豆で生まれ育った彼をして初めて見る光景──それは、人が消えた社会だった。


「先の予約がすべてなくなる、という事態に陥りました」

そう語ったのは、名古屋のレストラン「ことわりをはかるみせ　ばんどう」のオーナーシェフ・坂東俊氏だった。彼の店からもまた、人が消えた。


それはもちろん、伊豆や名古屋にだけ起こったことではなかった。全国のあらゆるところでそれは起こり、ビジネスの現場には次のような声があふれた。

「コロナ後、人通りがずいぶん減ってしまった。せっかく駅前に店を構えたのに、一等地だけに家賃も高い。いったい、どうすればいいのか」

「好調なインバウンド需要に備えて投資もしたが、売行きがぱったり止まってしまった。観光客はいつになったら戻ってきてくれるのか」

「商品卸先の店舗が続々と店を閉めてしまっている。これではなすすべもない。外出も自由にできず、営業活動すらままならない」

「好調だった宿泊者がぱたりと止まってしまった。政府の『ＧｏＴｏキャンペーン』で一息ついたのもつかの間、またもコロナが拡大しキャンセルが増加。こんな調子でずっと振り回されるのか……」

「ＧｏＴｏがある飲食業はまだいい。うちのようなイベント系企業にとって、コロナは致命的だ。何しろ人が集まってはいけないというのだから……」

□顧客はどこへ消えた？

２０２０年4月7日、東京、神奈川、埼玉、千葉、大阪、兵庫、福岡の7都府県に緊急事態宣言が発出された。4月16日には全国に拡大。外出の自粛要請が行われるとともに、大規模イベントの中止や飲食業の営業時間短縮が要請されることになった。

そして、街から人が消えた。あれだけにぎわっていたターミナル駅や空港から人が消え、ほとんど人通りのない渋谷や丸の内の光景は、さながら近未来のゴーストタウンを見るようだった。

ついひと月前まで当たり前だったもの、繁華街の人混み、インバウンドでにぎわう観光地、飲食店でのにぎやかなおしゃべり、ライブ会場の熱狂……それらが一瞬にして過去のものとなった。

ＥＣビジネスなど一部を除いて、多くの企業がその影響を突然に、そしてダイレクトに受けることになった。特に店舗等で顧客と直接接する「リアルビジネス」を行う人々は、「昨日までいた顧客が消滅してしまった」という、考えもしなかった現実を突き付けられることになった。

まさに緊急事態である。

多くの人が、この苦境が早く終わることを祈った。緊急事態宣言は5月14日以降段階的に解除され、5月25日には全国で解除された。

それによって、徐々にではあるが、人通りが戻り始めた。

しかし、多くの店舗や会社では、そのまま人が戻らなかった。消えたままだった。閉店を余儀なくされる店も続出し、コロナ倒産という言葉も聞かれるようになってきた。

消えた顧客はいったい、どこへ行ってしまったのだろう？　アマゾンやネットフリックスなどにすべて取り込まれてしまったのだろうか。もちろん、一部はそうだろう。しかし、どんな商品でも通販で買えるわけではないし、サービス業の大半はオンラインでは代替できないものだ。それにもかかわらず、お客さんが戻ってこないのはなぜなのか。

□「コロナ不況」のはずなのに成果を出し続ける企業

この間、私は自らが主宰する「ワクワク系マーケティング実践会」の会員に向けて、「なんとか自分のビジネスを守り、この危機を乗り切るように」という緊急メッセージを発し、オンラインミーティングを重ねた。会員企業には飲食店や小売店のようなリアルビジネスに携わっている人が多い。今回のコロナショックで真っ先に影響を受けたのが彼らだ。実際、多くの会員がその影響下にあった。

しかし、しばらくすると、世間で言うところの「コロナ不況」とはだいぶかけ離れた話が、私のもとに舞い込むようになってきた。

「ほとんど営業できなかったにもかかわらず、前年比150%を達成した」

「同業他社は軒並み苦しんでいるが、うちはほとんど影響がない」

「緊急事態宣言が終わった瞬間、お店に顧客が押し寄せてきた」

ＩＴビジネスやＥＣサイトが好調なのはわかる。しかし、これらの事例はそうした会社のものではない。飲食店や小売店など、普通のリアルなビジネスを行う人たちから寄せられたものだ。

しかも、時間がたつにつれて、そうした事例が徐々に増えてきたのだ。

私は以前から会員企業に、「２０２０年以降は時代の変化が決定的になる。その前に準備をしておくべき」という話をしてきた。まさかその決定打がＣＯＶＩＤ-19というウイルスのパンデミックだとは夢にも思わなかったが、結局、準備をしてきた会社や店舗は、この危機にまったく動じないどころか、むしろ売上を増やしていたのだ。

□時代はもう、元には戻らない。新しい時代のマーケティングとは？

そして、さらに半年が過ぎ、２０２１年を迎えた。

残念ながら、一部の人が期待していたように「コロナが終息し、今まで通りの日常が戻ってくる」ことはなかった。それどころか、冬にかけて感染の再拡大が起こり、再び緊急事態宣言も発出された。顧客は再び「消滅」せざるを得ない状況になっている。

仮にワクチンが普及しても、この状況はしばらく変わることはないだろう。今後は今のような状況が「ニューノーマル」であるとして、その中で生き延びていくしかないと、腹をくくるしかない。

また、とても重要なことだが、この状況は、実はコロナが真の原因ではない。コロナによって前倒し加速され、一時特異な状況になってはいるが、これはすでにずいぶん前から進行していた変化なのだ。ゆえに、その中で生きていくことが自然なのである。

本書はその覚悟を持った人、持とうとする人に向けて、マーケティングのニューノーマルについて書いたものだ。

本書は私の久々の著書となる。ビジネス書となると、実に8年以上ぶりの発刊となる。なぜ、書籍執筆を控えていたかというと、私自身がマーケティングについて伝えたいことは一通り伝えたという思いがあったからだ。また、２０１１年に博士号の学位を取得し、研究活動が次のレベルに入り、なかなか執筆の時間が取れなくなったこともある。

そんな私が久々に書籍を書こうと思ったのは、今まさに大きな危機が起きており、多くの人が「どうしたらいいか」について迷いの中にいるからだ。そして、その答えが、この1年あまりの私と会員企業の取り組みと結果から、はっきりと見えてきたからである。

この「顧客消滅」時代にどうすれば自分のビジネスを守り、生き抜くことができるのか。ぜひこの知見をより多くの人と共有したいと思う。

加えて、ここ数年にわたって行ってきた研究活動により、マーケティングの因果関係を理論として説明できるようになってきたのも大きい。それまでも「こうすればこうなる」ことを経験則として語ることはできていたが、「では、なぜそれが起こるのか」については解明し切れていなかった。それも近年、「人の心と行動の科学」や「システム理論」によって、その多くが科学的に説明できるようになってきたのだ。

本書ではまず、比較的小規模な小売店や飲食店などの事例を取り上げている。規模が小さく、コロナ禍の影響を真っ先に受けたであろうこれらの企業でも、十分に自分のビジネスを守る方法があることを知っていただきたいからだ。

ただし、言うまでもなくその影響はより大きな企業や、BtoBビジネスを手がける企業にも及ぶ。本書の第３章以降では、こうした企業がどのようにマーケティングを行っていくべきか、あるいは商品開発をしていくべきかについて解説していきたい。

だが、企業はその規模が大きくなればなるほど、変わることが難しくなっていく。そこで第５章ではどのように組織変革を行い、この危機の時代を乗り切るかについて触れていく。さらには、そのベースになる「個人の変革」についても解説したい。

確かに不安な時代ではある。だが、本書を読んでいただければ、そこに確かな道もまた開けていることがわかるだろう。

本書が、「顧客消滅」時代という未曽有の危機を乗り切っていただくための一助となればと願っている。

２０２１年２月

小阪　裕司

「顧客消滅」時代のマーケティング　目次

第2章

「ファンダム」をどう作るか
――「顧客消滅時代のマーケティング」実践編

第3章 BtoBビジネスも「ファンダム」がカギを握る

第4章 感性と価値で創られる市場とは

終章 「アフターコロナ時代」に必要なもの

編集協力：スタジオ・チャックモール
図版：桜井勝志

第1章

「顧客消滅」時代のマーケティングとは

1・1 コロナショックは世の中をどう変えたのか
——来るべき未来の前倒し

◘現代社会の歴史上、人の流れが初めて止まった

1990年代のバブル崩壊、2008年のリーマンショック、2011年の東日本大震災など、我々は数々の「危機」に直面してきた。しかし、2020年の「コロナショック」の影響は、それらを大きく上回っているように思う。

中でも特異であったのは「人の動きが止まってしまった」ことだろう。だからこそ、明確になったことがある。それは、「人の動きこそが経済を作っていた」という事実だ。

一時的な停滞や逆行はあったにせよ、人類が移動できる範囲はこれまで、時代を追うご

とに広がっていった。

　かつては、自分の生まれた町や村の周辺だけで一生を終えていた人が大半だったはずだ。それが、馬、船、鉄道、自動車、航空機と交通手段が発達することで、徐々に移動できる範囲が広がっていった。加えて、関所など移動を妨げていた障害も徐々になくなり、今では海外の多くの国にビザなしで行ける。ヨーロッパの国同士に至っては、国境を越えるのにパスポートすら不要だ。

　特にこの20〜30年は流れが加速していた。私の学生時代には超特別なイベントだった海外旅行はもはや当たり前のものになり、一方で、海外から観光客がどんどん押し寄せてくる。世の中はどんどんボーダーレスになり、その流れは決して逆行することはないと誰もが信じていた。


　こうした自由な人の動きが、経済を活性化させていた。

　人が自由に移動し、集まることができるからこそ、商圏は拡大していった。

　おいしいと評判のレストランには全国から人が集まり、国内のドラッグストアには外国人観光客があふれ、各種イベント産業は活況を呈していた。メーカーはそんな購買欲旺盛な人に向け、数々の商品を作っていた。

その流れが、ＣＯＶＩＤ-19によって一気に止まってしまったのだ。

□特に苦労したのはサービス業

真っ先に影響を受けたのは、鉄道やバス、航空業界など「移動」に関するビジネスだ。空港から人が消え、海外からの観光客向けにツアーバスを出していた業者が経営に行き詰まり、常に満席に近かった新幹線がガラガラになった。

次にダメージを受けたのが、リアルな顧客を相手にする小売・サービス業だ。自由な外出が制限されてしまったのだから、当然と言えば当然だ。通販を手がけていたところはまだマシだが、配達のしようのないサービス業、たとえば美容サロンやマッサージ店などはどうすればいいのか、という状態になった。

ＡＩによって多くの仕事が消滅すると予測される中、美容サロンやマッサージなど、人が人に直接接するヒューマンスキルが必要とされる業種はＩＴやＡＩが代替しにくく、比較的強いと言われていた。しかし、「人と人が直接接することはＮＧ」とされてしまうことになれば、その強みはむしろリスクになってしまう。

さらに、コロナショックは従来の勝ち組と負け組を一転させてしまった。以前は、駅前やエキナカ、ＳＣ、繁華街の中心地といった「人通りの多い場所」こそが商売の好適地であり、その分、地価や家賃が高かった。コロナショックにより、こうした場所は「密」として避けられ、真っ先に閉鎖されることになった。しかも、家賃はそのままだ。

それでも「外出自粛要請」だった日本はまだマシで、ロンドンやパリなどの欧州の大都市は軒並み完全なる「ロックダウン」が行われたのだから、影響はさらに大きかっただろう。

■人が戻らなかったのは「無意識の選別」

日本における最初のつらい時期は、２０２０年4月上旬から5月半ばくらいまで、緊急事態宣言発出から解除までの約1カ月半ほどだっただろう。ではその後、以前と同じように顧客は戻ってきたのだろうか。

もちろん、すぐに元に戻ったところもあるだろう。しかし、多くの店や企業はそうはならなかった。顧客は戻ってこなかったのだ。

ここで何が起こったのか。

もちろん、緊急事態宣言が解除されてすぐの段階では、人々も外に出るのをためらっていたという理由はあるだろう。会合や飲食も、以前のように自由にできる状態ではなくなってしまった。

だが、そんな表面的な問題の裏で、もっと根本的な問題が発生していたというのが、私の見立てだ。

実はコロナ禍の中、顧客は「選別」を行っていた。今までなんとなく惰性で行っていた店に行けなくなった結果、「別にあの店に行く必要はない」という選択を行った。あるいは「この商品は別になくても困らない」と考え、買うのをやめるという選択を行ったのだ。その結果が、「いつまでたっても顧客が戻ってこない」の正体ではないだろうか。

私は以前から、今は「選別消費」が進んでいる時代であると主張してきた。選別消費とは、「自分がコスト（お金、時間、労力など）をかけるべきもの、使うべき先をシビアに選択・選別する消費」のこと。元々、増税や災害などの際にはこの選別消費の意識が高くなるのだが、今回はまさに、コロナによってこの選別消費の意識が大いに高まった。

あなたも思い返してみてほしい。自粛前にはよく行っていたのに、自粛期間が明けてもなんとなく足が遠のき、そのまま行くのをやめてしまった店はないだろうか。

その選別は意識的に行われたものとは限らない。むしろ大半は、無意識のうちに頭の中から消えてしまったのだろう。人間は忘れる生き物だ。意識的か無意識的かにかかわらず、あなたがその店に行く必要がないと選択してしまえば、頭の中から忘れ去られてしまう。その商品を買う必要がないと選択してしまえば、それを使っていたことすら忘れてしまう。

□一度使ってみたら「ZOZOTOWN」の虜に!?

私の場合、たとえばその一つは「服」だった。緊急事態宣言を受け、オンラインミーティングやウェブでのセミナーが増えたのだが、それに合う服をあまり持っていない。とはいえ外出もできない。そこで仕方なく「ＺＯＺＯＴＯＷＮ」を利用した。

「仕方なく」とはＺＯＺＯＴＯＷＮに失礼だが、服を買うことは楽しみでもある私にとって、正直これまで「服を通販で買うなんてありえない」と思い込んでいた。しかしこれが、一度使ってみるととても便利。選択肢も多いし、試着して合わなかったら返品もできる。そして、一度サイズが合ったものに関しては、それを参照しながら選ぶことができる。やってみると「なぜ、今までやらなかったのだろう」というくらいだ。これによって、私の頭の中にあったいくつかのアパレル店が消滅した。

おそらくは同じようなことが、日本全国で起きている。最も顕著なのが生活必需品だろう。アマゾンや楽天で頼めば翌日には、ひょっとすると当日に配達される。重い荷物を持って帰る必要もない。

そして、購買行動を繰り返すうちにアマゾンや楽天はあなたの好みを把握していき、次々とお勧めの商品をレコメンドしてくる。それは少々気味の悪いことではあるが、やはり便利であることは確かだ。

では、「失われた顧客」のすべてがＥＣサイトやＩＴビジネスに取られてしまったのだろうか？

◘「昨日の夜からワクワクが止まらないの！」

そこで、こういう例をご紹介しよう。新潟の農村部、田んぼと山に挟まれた地域にある、45坪ほどの小さなスーパー「エスマート」での出来事だ。

２０２０年４月に発出された緊急事態宣言は、５月に入ると各地で段階的に解除されていった。しかし、先述の通り、人出が一気に元に戻ったとは言い難い状況だった。

そんな中、同店には、緊急事態宣言解除の直後、顧客がわっと押し寄せた。別に便利な場所にあるわけではない。それどころか、周囲はまったくの田園地帯で、人家もほとんどないような場所だ。

にもかかわらず、開店直後から顧客が大勢やってきた。

ある70代半ばのお客さんは、店内に入るなり店主のところへ駆け寄り、興奮気味にこう言った。

「店長！　私、昨日の夜からワクワクが止まらないの～！　明日、エスマートに行こう！と昨日の夜主人と約束した瞬間からず～っとだよ。今朝起きてもワクワクしてるの！　ねぇ、店長、何？　この店何？　このワクワクは何？　止まらないんだけど（笑）」

緊急事態宣言下で我慢の日々が続いていた反動もあるとは思いつつ、この言葉は嬉しかったと店主・鈴木紀夫氏は言う。

ちなみに同店、顧客からは次のような言葉をよくいただくそうだ。

「何か温泉旅館に来たときのような気分になる」

「ディズニーランドより楽しいかも」

「おばあちゃんから、あの楽しいところにまた連れて行ってとせがまれるんです」

「子供があの店にまた行こう、また行こうとうるさくて」

「私、週末にここに来る楽しみがあるから一週間つらい仕事を頑張れるんです」

「将来こういう店を持つのが私の夢なんです」

確かに同店は、こう言われるだけのことはやっている。店主の意志ある品揃え、店内あちこちの読むだけで楽しいＰＯＰ（店頭販促物）、来店客との親しげな会話、等々。「日々やることは『たのしい』かどうかを軸にした改善」と、鈴木氏も言う。

しかし繰り返しになるが、同店は田園地帯の小さなスーパーだ。これがスーパーにかけられる言葉だろうか？


ちなみに昨年スーパー業界は、コロナによる巣ごもりニーズや、3月、4月にはパニック買いもあり、好業績な時期もあった。しかしそれも7月くらいまででストップし、むしろ前年比マイナスになっていった店も少なからずあった。

そんな中、エスマートの売上は２０２０年1月から今日に至るまで、ずっと前年対比を上回っている。それどころか、創業以来60年間での過去最高を更新し続けている。

そしてこの店は、どんなにＥＣサイトが便利になっても、顧客を失うことはない。

□人々が買わなくなったのは「中途半端なもの」

私は2012年に『「心の時代」にモノを売る方法』（角川書店）という本を書いた。そこに書いたのは、世の中は心の時代に向かっており、モノではなく「心の豊かさ」を消費したがるということだ。モノを買うのはモノそのものが欲しいのではなく、そのモノを手に入れることで「心が豊かになる」から。近藤麻理恵さん流に言えば「ときめくもの」だ。また、店などに行くのも「心が豊かになる」から。そして、そうしたことに対しては、人はお金に糸目をつけない。

「心の豊かさ」の消費とは、人がより良く生きるためのエネルギーチャージだ。

たとえば「ハーレーダビッドソン」という大型バイク。コロナ禍で「不要不急」という言葉がやたら使われているが、ハーレーもまさに不要不急のものだろう。これがなければ生活に困るわけではなく、移動するだけならスクーターでもいい。では、ハーレーライダーたちはなぜハーレーに乗るのか。私の友人にも数名いるので聞くと、「元気になるから」。

私にとっては、絵画や陶磁器などの美術・工芸品がそうだ。まさに「ときめくもの」を買い、部屋に飾っておくと、それを見るたび「元気になる」。エネルギーをもらえるのだ。人によってはそれがフィギュアだったり、ディズニーランドに行くことだったり、いろいろだろう。そうしたものはたいがい「不要不急」だが、「生きるエネルギーをもらえる」意味では、人にとってなくてはならないものだ。

一方で、「どうしても買わなくてはならないもの」がある。いわゆる生活必需品で、洗剤やトイレットペーパーなどの日用品がそうだ。これについては、機能さえ果たしてくれればどの商品を買うかにあまりこだわる人はいない。そのため、いわば「コスパがいい」商品が選ばれる。

コロナ禍でもいわゆる「心が豊かになる商品」の売上はほとんど落ちなかった。あるいは、落ちてもすぐに回復した。一方、生活必需品はちょっとしたコロナ需要さえ起きた（もっともその多くは需要の前倒しに過ぎなかったが）。

問題は、そのどちらにも属さないものだ。つまり、「心が豊かになるわけではないが、生活必需品でもないもの」。今回、売上が戻らなかったものの多くは、このカテゴリーに属するものであった可能性が高い。

利用される店に関しても同じことが言える。先ほど紹介したエスマートは、コスパで選ばれている店ではない。「ディズニーランドより楽しい」からこそ選ばれている。だからこそ今日一層、顧客が殺到して来るのである。

会社や店から顧客が消え、それが戻ってきていないのであれば、その原因は、その会社や店が提供しているものが「心が豊かになる」わけでもなく「コスパがいい」わけでもない、中途半端なものになってしまっている恐れがある。

今起こっていることは「未来の前倒し」に過ぎない

ここまで述べてきた「顧客消滅」の危機。だが、これは果たしてコロナショックによって、突然、もたらされたことなのだろうか。

リアルからネットへという移行は、もうずっと前から進んでいたことだ。アマゾンも楽天もZOZOTOWNも、もうずいぶん前からサービスを開始している。ネットフリックスなどの新しいサービスもコロナ前からある。

「中途半端なものが売れなくなる」という現象もまた、コロナ前から顕著だった。コロナによって、それが明確になったに過ぎない。

そもそもの話をしてしまえば、日本はすでに人口減少社会に入っており、街中から人が減るということは、もう何年も前からわかっていたことだ。人口動態とはほぼ唯一、確実に予測できる未来だ。現在の年代別人口構成と出生率がわかれば、ほぼその通りに進むからである。

そして人口動態以上に、「選別」はもっとドラスティックに進んでいる。選ばれなくなった店や商品にとっては、「顧客消滅」はすでに現実のものとなっている。

つまり、今起きていることは「未来の前倒し」に過ぎない。本来、来るべき未来がコロナショックによって一気に到来した。それだけのことなのだ。

そして、コロナショックによって消えてしまった顧客は、遅かれ早かれ、去っていく運命にあったのである。

1・2 あの店が「コロナショック」でも売上を増やせた理由

4月に「前年比１５０％」を達成した高級レストラン

「４月は前年比１５０％を達成しました」

あるレストランからそんな報告が入ったのは、２０２０年5月のことだ。その店の名前は、名古屋にあるコース料理専門の完全予約制レストラン「ことわりをはかるみせ　ばんどう」（以下、「ばんどう」）。あの世界的に有名なグルメガイド「ゴ・エ・ミヨ」にも掲載され、「予約が取れない店」として人気を博していた。

この店は元々単価が高く、晴れの日ニーズのレストランだ。まさに「不要不急」の代名詞のような店である。コロナによる営業自粛要請の中、いったい、なぜこれだけの売上を達成できたのか。

「ばんどう」がコロナショックの影響から無縁だったわけでは、もちろんない。

むしろ、元々が不要不急のニーズだっただけに、影響は甚大だった。４月に緊急事態宣言が出されると、先々まで埋まっていた予約は一気に白紙になったという。店舗もしばらくは閉めることを余儀なくされた。

突然、顧客が消滅してしまった中、「自分ができることは何だろう」と考えた店主の坂東俊氏は、「おいしいものを食べたいけれど外食ができないことにフラストレーションを溜めている人がいるはずだ」と思い至った。そこで、店を閉めている期間にじっくりと時間をかけて開発したのが「３０００円ののり弁当」と「８０００円の高級弁当」だった。

元々、フェイスブックで顧客と交流していたこともあり、その場で「究極の弁当を作ります」と宣言。その開発過程も掲載した。それを受け、顧客からは大量の応援メッセージが寄せられ、弁当の包み紙を常連の書家の先生が書いてくれることなども決定した。

そうしていよいよ発売開始となると、爆発的な注文が入った。そして、終わってみれば４月の売上は前年の１・５倍にもなっていたという。

■「深夜営業NG」の絶体絶命からバーを救ったものとは?

新大阪のバー「バーキース」の事例も紹介したい。

緊急事態宣言発出によって午後8時以降の営業自粛が求められる中、それこそ「手も足も出ない」状態に追い込まれたのがバーだろう。深夜営業ができないことは、バーにとってまさに死活問題である。

そんな中、同店もさすがに4、5月の売上は落ちてしまったが、それでも前年比マイナス6%に抑え、6月以降は再び前年比を超える売上を回復しているという。

それを支えてくれたのは、店主・山本照彦氏が「会員」と呼ぶ顧客だ。

バーキースはご夫婦でやっている小さな店で、すでに20年以上続いている。その間ずっと常連客を大事にして商売していたが、２０１９年に、その常連客を会員化する制度を導入。コツコツと絆作りを進めてきた。その会員らには、１本数万円のウイスキーが予約だけで完売するというのだから、培ってきた絆の強固さがわかる。

この会員、２０２０年を迎える頃には、その数が５００人ほどになっていたが、そんな中でのコロナ禍である。

同店では緊急事態宣言発出の直前、この約５００人の顧客にハガキを出した。そして、開業以来の危機であることを報告するとともに、おつまみの通販とテイクアウトをやることを通知。おつまみといってもバーのおつまみだから、単価もたかが知れている。にもかかわらず、前年とそん色ないほどの売上を作ることができた。

その理由は、５００人のうち半数を超える２７６人が、積極的に買い物をしてくれたからだ。ちなみに、通販とテイクアウトは会員以外の人も買うことができたが、買ってくれたのはほぼすべて会員だった。


誤解しないでもらいたいのは、これはいわゆる「クラウドファンディング」とはまったく違うということだ。一時期、クラウドファンディングを利用してコロナショックを乗り切る資金を調達するという動きが活発化した。だが、この事例では一方的に助けてもらうのではなく、あくまで「商売」を行っており、相手にも喜んでもらっている。クラウドファンディングは何度もできないが、商売なら手を変え、品を変え何度でもできる。だから、何度でも危機に対応することができる。

そして、重ねて言いたいことは、これらの店が特別ではないということだ。「ワクワク系マーケティング実践会」には同様の報告が大量に寄せられており、それを読む限りにおいては、「コロナショック」などという言葉を一瞬、忘れそうになるほどだ。

□フローでなくストックの顧客を持っているか

この二つの事例は、「顧客消滅時代に負けないビジネスの要諦」をはっきりと教えてくれる。

だが、表面だけを見て「通販をすればいいのか」「『開業以来の危機！』と言えばいいのか」と捉えると、本質を見誤る。彼らの本質はそこではない。

より重要なのは、「顧客を持っていた」ということだ。フローのお客ではなくストックの顧客を持っていたことなのである。

フローとストックとは、一般的には経済学、あるいは会計学の用語である。フローとは「流れ」を意味し、一定期間内に流れていくもの。会計で言えば売上や費用などを指す。

一方、ストックとは「貯蓄されたもの」であり、会社が持つ設備などの資産を指す。

これをマーケティングの世界に置き換えると、「フロー＝一見《いちげん》客」「ストック＝常連客」ということになる。

もちろん、どちらも大事である。一見客がいなければ常連客も生まれないという意味では、すべてのビジネスはフローから始まる、とも言える。

ただ、コロナショックの影響を受けなかったのは明らかに、ストックされた顧客を保持している「ストック型のビジネス」を行っていた企業や店舗であったのだ。

フローはたとえるなら蛇口から流れ出ている水、ストックはそれが風呂桶（給水タンク、貯水槽等）に溜まったものだ。フローが止まるとは、この蛇口が閉まるということ。このとき、水を溜めておいた人はしばらく水を使うことができるが、そうでない人はまったく水を使うことができなくなる。

コロナによってもたらされたのはまさにこの「蛇口が閉められる」という事態だった。

フローとストックの差に愕然と

伊豆・伊東を中心に和菓子店10店舗を展開する「石舟庵」。近年の熱海活性化効果などもあって、ここ数年、業績は順調に推移していた。

しかし、２０２０年4月、突然顧客が消滅した。まさに「フローの蛇口」が閉められてしまったのだ。

石舟庵社長・高木氏は当時、まずは正体のわからないウイルスに対し、従業員の安全が第一と考え全店舗の休業を決意。フードロスが出ないよう調整しながら4月下旬には順次店舗を閉め、再び営業し始めたのは5月中旬からだった。

各店の営業を順次再開する中、高木氏は妙なことに気づいた。売上の回復が早い店と遅い（というかまったく回復しない）店にくっきりと分かれたのである。

同社では立地で店を分類していたが、立地による違いでもない。もちろん各店、同じ商品、同じサービスだ。

フローのビジネスとストックのビジネス

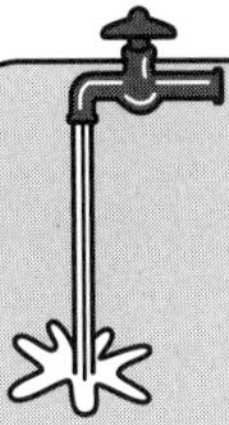

フロー
flow

- 流れていくもの
- 新規客、一見客
- 人通りの多い場所、目立つ場所への立地が重要
- 広告、SEOなどで集客。1日当たりの利用客数や売上を重視
- 景気変動の影響大

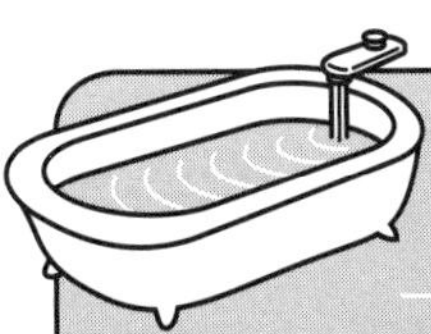

ストック
stock

- 貯蓄されたもの
- 常連客、リピーター、会員、ファン
- 立地はあまり関係なく、継続的なコミュニケーションが重要
- 「顧客数」や顧客リストを重視
- 景気変動の影響小

そこで彼ははたと気づいた。「これは、以前から小阪さんが言っていた、フロー型とストック型の店の違いではないか」。

果たして、その分析はあたっていた。

一気に売上が回復してきた店は、図らずも顧客がストックされていた店。そうでない店はフロー型になっていた店だった。ここで「図らずも」という言葉を用いたのは、同社は顧客を大事にしてきたとはいえ、「顧客をストックする」ことを会社として強く意識し、計画的に何かを行ってきたわけではなかったからだ。

では、「図らずも」ストックされていたのは誰だったのか。大まかに言えば、それは地元住民。そして当地に別荘などを持つ方々。フロー型の店の主なお客さんは、伊豆に行ったときは立ち寄るという程度の観光客だ。

彼はフローとストックのあまりの差に愕然としたというが、それを物語る数字がある。

6月に入ると、新たなフェアも功を奏して売上は伸びた。しかし伸びたのはすべて、同社が「ストック型になっている」とした店ばかり。ストック型5店舗の売上は、トータルで前年比１５４％。しかしフロー型5店舗は前年比46％。言うまでもなく、同じフェア、同じ商品、同じサービスである。

さらに秋になって政府のＧｏＴｏキャンペーンが始まると、伊豆に観光客が戻り始め、フロー型の店の売上も戻ってきた。それでも、６月から11月までの売上を比較すると、ストック型５店舗の売上はトータルで前年比１０３％。しかしフロー型５店舗は前年比76％にとどまった。

そして「何より」と高木氏は言う。５月に営業を再開したとき、ストック型の店の顧客は口々にこう言いながら来店した。

「石舟庵に行けなくて、寂しかった」

「おたくのあんこがどうしても食べたかったの」

これには自分も含め従業員一同本当に励まされた。そして自分たちは何をやらなければならないかがはっきりした、とのこと。

以来同社は、全店をストック型にすべく、全社を挙げて動いている。

ストック型のビジネスにとって「立地」は重要ではない

フロー型のビジネスの象徴とも言えるのが、今回、大打撃を受けることになった「好立地の場所での商売」だ。駅前やエキナカ、SC、繁華街の中心地など、人通りというフローがなるべく多いところに出店し、常に一見客が途切れないようにする。そのうちのいくばくかが「図らずも」ストックされ、常連客になることはあるが、比率としては常にフローの顧客が多いため、フローが途切れるとあっという間に危機に陥る。

一方、「ストック型のビジネス」においては、既存顧客を徹底的に重視する。もちろん、フローも大事だが、それよりも既存顧客と継続的にコミュニケーションを取り、長く付き合っていくことを目指す。立地は必ずしも重要ではない。だから、フローがしばらく途切れてしまっても生き残ることができる。

これは「顧客消滅」時代にビジネスを持続していくために、決定的に重要なことだ。自分のビジネスをいかにフロー型からストック型に変えていくかがカギを握るのだ。

もちろん、「好立地に意味がない」とか、ましてや「好立地が良くない」ということではない。先ほど「すべてのビジネスはフローから始まる」と言ったが、コロナ禍さえなければ、「好立地」の店にはやはり、フロー客が多い。1日に多くの来店客数があったり、店の前を多くの人が歩いていたりする。それは、ストック型ビジネスから見ればポテンシャルなのだ。

私がそういう立地でビジネスを行っている企業に常々言い続けてきたことは、「その一見客をストックせよ」だ。重要なのは、多くの一見客をストックしようとするかどうかである。

4トンもの余った卵があっという間に

そして、さらに願わくば作ってほしいものがある。「顧客リスト」である。

コロナショックによる自粛期間中、企業の明暗を分けたのが「顧客リストの存在」だ。

コロナ禍によって顧客が「消滅」し、店舗すら開けられない状態になった。多くの店が手も足も出ない状況になった。しかし、顧客リストさえあれば、手や足を出すことができた。先の「ばんどう」もフェイスブックなどを通じて顧客に発信し、「バーキース」も顧客にハガキを送った。

こういう例もある。相模原で養鶏業を営む、昔の味たまご農場・田中亮氏の事例だ。同店の顧客は、主に業務用で同社の卵を使用する飲食店と卸先のスーパー、そして直売所と通販を通じての一般消費者だ。

日本でもコロナが拡大しつつあった2020年2月半ば以降、飲食店からの注文が一気に減っていった。一方、例年なら3月から4月にかけては需要が旺盛な時期、生産量のほうは多くしていた。結果、あれよあれよと卵は余り、4トンもの卵が余ってしまった。

しかもモノは卵である。一刻も早くなんとかしなければならない。

そんな同社を救ったのは、顧客リストの存在だ。業務用の利用先である飲食店には、どうお願いしても買ってもらえない。かといって、卸先のスーパーが急に大量の発注をくれるわけでもない。しかし、一般消費者はどうか。

そこで、これまで地道に増やし、関係性を深めてきた顧客リストの方々へ向け、ダイレクトメール（以下、ＤＭ）を出し、そこでこう呼びかけた。

「緊急事態、助けてください！」

そうしたところ、顧客は一気に動いた。結果、４トンもの卵がみるみる完売。むしろ足りなくなってしまい、やり繰りに苦労するほどだった。

ちなみにこの件以降、同社直売所の売上は順調に伸び、３月以降の売上は前年比１３６％だったとのことだ。

■「手が打てる」ことこそが重要

もちろん、いつも「助けてください」とＤＭを打つ手は使えない。「ばんどう」にしても、「バーキース」にしても、通販やテイクアウトはあくまで緊急時の対策だった。レストランが高級弁当だけで売上を立て続けることはできないだろうし、バーもつまみを売るだけで成り立つわけがない。しかし、当面の危機は乗り切れた。

たとえば、「ばんどう」では結局、この高級弁当の通販をやめてしまった。直接的な理由は、夏場に入るにあたって食中毒の恐れがあると考えたからだ。だが、すでに店舗のほうでの復活に手ごたえを感じていたからでもある。弁当によって店のことを思い出した顧客も含め、多くの顧客が宣言解除明けに続々来店してくれるようになったからだ。

そして解除後は、たとえば、席数を減らさなくてはならないことを逆手に、「幻の酒」と料理をペアリングした特別なプランを、1日6席限定で3日間だけ企画した。売上はなんと150万円だというから、単価は推して知るべしである。しかも、これが瞬く間に完売したとのこと。

ここでもう一度強調しておきたいのは、「ストックとしての顧客」を持ち、「顧客へのアプローチ手段（顧客リスト）」を持っていれば、顧客が消滅するという危機が起きても「何らかの手が打てる」ということだ。目の前の危機になすすべなく流されるか、成功するかはともかく、自分のビジネスを守るための何らかの手を打つことができるか。その差は非常に大きい。

◘「顧客リスト」という資産

仙台市にて住宅リフォーム・リノベーションを手がける「株式会社スイコー」の事例は、そのことを如実に物語る。

同社では、水回りなどのメーカーのショールームイベントとして、リフォームと補助金活用に関するセミナーを行ってきた。目的は新規受注だ。

告知は地元新聞の記事広告。このやり方でこれまで５００回近く開催し、２４００名以上の方々に参加してもらってきた。ところがコロナ禍で状況は一変した。メーカーのショールームが軒並み使えなくなってしまったのだ。それではと会場を自社に変更してみたが、それまでのようには集まらない。

そこで考えた。やみくもにメディアを使って広告を打っても効果は薄いし、そもそも時勢的に、大勢集めることもできない。ならば、自社の顧客リストを使って、細やかなアプローチをしてはどうか。

そこでまずは試しに、普段からよく注文や紹介をくださる顧客のリストから１００人と、過去にセミナーへは参加したがまだ受注には至っていないお客さんのリスト１００人をランダムに抜き出し、ＤＭを送ってみた。

そうしたところ、早速この２００人の中から1件が成約。３００万円の受注となった。

この結果を踏まえ、さらに２００件抽出しＤＭを送ってみると、またまた3件の成約に。総計１２００万円の売上が生み出された。

同社の担当者は言う。「リストが打ち出の小づちのように見えてきました」。

そう、顧客リストは打ち出の小づち、企業にとって最も大切な資産なのだ。

企業にはいくつもの「資産」がある。店舗や工場、人材、技術やノウハウがその代表だが、現在のような大きな変動期には、いつその資産が陳腐化してしまわないとも限らない。だが、顧客リストだけは、このような時代にも価値を失わない、企業にとって最強の「資産」なのである。

1・3 「心が豊かになる」ビジネスにとって、今はチャンスである

「顧客の時間」はむしろ増えている

あなたは外出を自粛する中で、こんな思いを持ったことはないだろうか。「コロナのせいでよく行っていたあの店に行けていないが、なんとなく寂しい」

顧客にとっても、ワクワクできるような場所や店は財産だ。「心の時代」である今、人々は単なるモノではなく、自分の心を充たしてくれるようなモノや場所を求めている。

そう考えたとき、実はコロナショックは、「心が豊かになる」ビジネスを展開している会社にとっては、大きなチャンスとなり得ることがわかる。

人は何らかの愉しみがないと生きていけない。ここでいう「愉しみ」とは、人としてよ

り良く生きるためのエネルギーチャージだ。だが、海外旅行もできなければアミューズメントパークにも行けないのだ。ならば、近所の個室で接客してくれるあの飲食店に行こうか、感染対策がしっかりしているあの美容室に行こうかなど、むしろお客さんには新たな、無数の選択肢が生まれる機会となっているのが、今だ。

しかし、多くの会社ではそれに対して有効な手を打てていない。あるいは、顧客リストがないのでそれを伝えるすべがない。その結果、アマゾンプライムやネットフリックスに顧客を奪われている。

さらに言えば、より奪われているのは「顧客の時間」だ。外に遊びに行けなくなったことに加え、在宅勤務などで通勤の無駄な時間がなくなった。そうして浮いた時間は現在、ネットフリックスなどで映画を見たり、スマホでソーシャルゲームにいそしむのに使われている。

では、その時間をどうやったら自社や自店のサービスに使ってもらえるか。その発想が重要なのである。

◘ 1日で数百万円の服を買った女性が語った「ある事情」

次のエピソードは、極めて象徴的である。青山にあるゑり華（えりはな）という呉服店の話だ。

緊急事態宣言が明けてからしばらくたった頃、良い着物がかなりお値打ちに手に入った。そこで店主・花岡隆三氏は、ある上得意のお客さんに、「滅多にない良い着物が入った」と連絡した。

この方、お年は80を超えており、お出かけいただけるか心配だったが、すぐにご来店。その着物を含め何百万円分もの商品を一度に買っていったという。

花岡氏によると、その際、この方はこう言った。

「だって花岡さん、私あと何回桜見られると思う？　あと何回旅行に行けるかわかる？　あと何年元気に生きていられるかなんてわからないのよ！」

そう、彼女はコロナで鬱々《うつうつ》としていた。実際彼女は、この半年間に行くはずだった旅行や、海外から来るはずだったオーケストラやオペラのチケットのすべてが払い戻し、お金を使いたくても使えない状況だった。そんなとき、店主から着物の話を聞き、ワクワクして飛んできたのだ。いい着物にそでを通し、幸せな気分を味わいたい一心で。彼女が買ったのは着物というモノではなく、心の豊かさなのだ。

先ほど、顧客が戻ってくるのは「心が豊かになる」か「コスパがいい」かのどちらかの価値を提供している会社だと述べた。コロナショックはむしろ、「心が豊かになる」価値を提供できている企業にとっては、千載一遇のチャンスとなる。

そして、当のお客さんのほうも、このゑり華のお客さんがそうだったように、「心が豊かになる」買い物への働きかけを待っているのである。

こうして陥る「対症療法のワナ」

一方、コロナショックの影響に苦しむ会社は、目先の売上確保に走り、顧客の「心の豊かさ」について考えが及ばなかった会社が多いようだ。そうなるのも無理からぬ状況ではあるが、そこには危険なワナが待っている。

私が大学院博士課程のときに修めた学問分野の一つに「社会システム科学」という分野がある。そこでよく語られる、社会によく見られるパターンの一つに「対症療法のワナ」というものがある。これは目先の楽な――そして、一見問題解決につながりそうな――選択肢を選ぶことで、問題が根本的に悪化してしまうことを指し、危機的状況になればなるほど、多くの人がこのワナにはまりがちになる。

コロナ禍に限ったことではないが、いわゆる「安売り」がその典型的なものだ。とにかく、安くすればお客さんが来てくれるとばかりに安売りに走る。30％ＯＦＦ、50％ＯＦＦをやる。商品は問わず、安く仕入れられるものを売る。こうした傾向は、コロナ禍の中、かえって強くなった。クリーニング業界の一例では、お客さんに袋を買ってもらい、その袋に詰められるだけ詰めてもらった衣服は全部クリーニングします、などということもやられているようだ。

それでも今日の売上ができたとしても、顧客がストックされるだろうか。

さらに挙げれば、コロナ禍の中で飲食店が次々と「ウーバーイーツ」に登録し、宅配に参入したことも、ワナに陥る危険性をはらむ。もちろん、宅配自体は悪くない。それによって確かに一時的に売上も上がるだろう。しかし、それを通じて顧客がストックできるかといえば、どうだろう。

通常、飲食店の価値とは、料理そのものだけではなく、その店の雰囲気やサービスなどすべてを含んだものだ。料理だけで価値を伝えるのは限界があるし、万一、雑な配達員にあたってしまったら、価値はむしろマイナスになりかねない。

しかも、ウーバーイーツのシステムを使っている以上、顧客に直接アプローチすることはできない。買ってくれた方のリストはウーバーにあり、店には入ってこないからだ。ストック型のビジネスを行うにあたって、これは大きな問題だ。

■「ＧｏＴｏ」はモルヒネである

もう一つ、私が「対症療法のワナ」として危惧しているのが、「ＧｏＴｏキャンペーン」だ。

もちろん、当座のピンチをしのぐために有益な手段だとは思う。しかし、それに頼り切ってしまうようでは本末転倒だ。ＧｏＴｏで安い料金で利用してくれた人が、通常料金に戻っても継続的に利用してくれるかどうかは未知数だ。しかも、ＧｏＴｏは限りある政府の予算から出されている。未来永劫続くわけではない。

助成金も含め、これらは一種の「モルヒネ」だと考えたほうがいいだろう。モルヒネが効いているうちに体質改善を図り、フロー型のビジネスからストック型のビジネスに変革しなくてはならない。

そうでないと、モルヒネ漬けになり、援助がなければ生きていけなくなってしまう。

これも科学の研究知見だが、人は不安心理が増大すればするほど、視野が狭くなって短絡的な決断をしてしまうという。もちろん、日々の資金繰りに追われる中、長期的な視野に立って物事を俯瞰するのは極めて難しいことだ。しかし、それをやらなくてはならない。なぜなら、あなたのビジネスを守ってくれるものは、国ではなく、あなた自身だからである。

1・4

B to Bビジネスも「フローからストック」へ

□ B to B企業を支えるのも、結局は「最終顧客」だ

ここまで紹介してきたのは、主に小規模な店舗や中小企業の事例だ。「規模の大きな企業には通用しない話だ」「B to Bビジネスでは役に立たない」そう思われた読者の方もいるだろう。

しかし、それは誤解である。実際には大企業にとってもB to Bビジネスにとっても、「フローからストックへ」は、アフターコロナを生き抜く重要なキーワードだ。

実際、私のもとには数多くのB to B企業からの実践の実例が届いており、驚くような成果を上げているところも少なくない。

最終顧客と直接接するわけではない「B to B」の業種に関しては、顧客消滅の危機感はB to Cの業種に比べると、そこまで切実ではなかったかもしれない。しかし、どんなビジネスも結局は、サプライチェーンの先にエンドユーザーがいる。そこが消滅してしまえば、自社に影響が出てくるのは必至だ。

ただし、そのサプライチェーンの長さとあなたの会社のいる位置によって、影響の大きさとタイミングが違ってくる。もし、あなたの会社が飛行機の国際線で出される食事を作っている会社なら、その影響はダイレクトだっただろう。

一方、自動車に使うエンジンの部品を製造しているような会社にとっては、影響は見えにくかったかもしれない。ただ、その部品の納品先の先の先のほうには、自動車を買ってくれる顧客がいる。その人たちが自動車販売店に足を運ばなくなってしまったら、そのダメージは数カ月、数年遅れで必ずやってくる。

□観光客が消滅。そのとき、老舗が仕掛けたある施策とは？

では、B to Bにおける「フローからストックへ」とは何か。最もわかりやすい例は、

「メーカーによる直売」だろう。メーカーが卸や小売店を介さず、自社で直接、最終顧客に販売を行う。

コロナ禍において「最終顧客への直売」に活路を見出したのが、京都の菓子メーカーである「京西陣菓匠宗禅」だ。社長の山本宗禅氏は、日本唯一の「上技物」のあられを作ることのできる職人でもある。数々の商品を開発し、駅や空港の土産店などで幅広く販売、五つ星ホテルへも納入するなど売上を順調に伸ばしてきた。

そんな中、コロナショックが発生した。京都や大阪からは観光客が消え、あとに残ったのは山のような在庫だった。

そこで宗禅では、そうした在庫を通販で一般顧客に販売することにした。ただ、山本氏のすごさは、同じように苦境に陥った関西のお菓子メーカーに声をかけ、自社も含めた複数のメーカーによる「お菓子の詰め合わせパック」として販売したことだ。題して「【フードロス削減】関西、製造メーカーの垣根を越えた救援プロジェクト」による「菓子製造メーカー救援福袋セット」。

これは、宗禅が自社で物流を持っていたからできたことでもある。元々山本氏は、代々続く老舗《しにせ》の菓子メーカーをコンビニや大手流通メーカーから守るためには物流が大事だと考え、数年前に物流会社を立ち上げていたのだ。

とはいえ、誰にどう売るのか？　宗禅の通販顧客リストは１３００人。これだけの商品を売り切るには足りなかった。しかも今回、他社の在庫をすべて宗禅が買い取ったというのだから、相当な覚悟である。売れなかったらそのリスクはすべて宗禅が担うことになるからだ。これは「老舗をつぶしたくない」という一心からだったというが、一方で、さまざまな種類のお菓子が入っていたほうがお客さんは喜ぶはずだという考えもあったという。

そうして発売された商品は、当初、コロナ支援グループなどの応援を得て何とか完売。その後は、この活動がマスコミに取り上げられたことなどもあって、３回目の販売の頃になると７分で完売。それ以降も順調に完売が続くなど、爆発的な支持を得た。

とはいえ、実は宗禅には、これによる儲けはまったくなく、これだけの支持を集めても赤字だった。しかし、その代わり、貴重な資産が手に入った。それは、「顧客リスト」である。

元々、初期の宗禅は通販で伸びていった会社だったが、近年は手広く事業展開していた。ただ、今回の件で改めて顧客と直接つながることの重要性を認識。一連の活動により、顧客リストは1万5千件を超えたという。

通販会社では「Cost Per Inquiry」という数字を重視する。リスト登録者一人を獲得するためにいくらコストがかかるかを示す数値だが、通常は一件あたり1000~2000円のコストがかかるといわれる。つまり宗禅は、今回は救援目的で図らずもではあるが、この活動で1千万円以上の価値を持つ顧客リストを手にしたことになった。

◘ 取引先を「ストック化」せよ

メーカーがBtoCに進出する意味も、「顧客と直接つながる」ことにあるだろう。直接つながっていれば、ピンチに陥ったときに何らかの手を打つことができるからだ。

ただし、自社の商品を最終顧客に直接売ることができるとは限らない。

そこで、いきなりBtoCに乗り出すことが難しい企業がまず、取り組んでみてほしいのが、「取引先のストック化」だ。

この施策に取り組んでいる会社がある。建材メーカーの「朝日ウッドテック」だ。

この会社が開発・製造しているのは、主にフローリングである。特に強みは木の素材を活かしたハイエンドなフローリングだが、最終顧客に直接買ってもらうわけにはいかない商品だ。営業先は工事を行うハウスメーカーや工務店、リフォーム会社、その卸になる。

その中で工務店やリフォーム会社は、比較的小規模な事業者が多い業界だ。中には家具店などがリフォーム受注の窓口を持っているようなものもあり、その数を正確に把握している者は誰もいないといわれるほど、たくさんの事業者がいる。メーカーの限られた営業担当者が、一軒一軒営業活動に回ることは到底できない数である。

そこで同社が数年前から行っているのが、「工務店・リフォーム会社を集め、ネットワーク化する」というものだ。集めるといっても、そこで自社商品を売り込むわけではない。どうすれば工務店・リフォーム会社の業績を上げられるかを共に考え取り組む「勉強会」を立ち上げ、運営するのである。

同様の取り組みを行っている会社は他にもある。たとえばその1社が、「ロイヤルカナン・ジャポン」だ。「犬と猫の〝真の健康〟」のため、栄養学に基づいて開発した療法食とプレミアムフードを製造販売している会社である。こちらの対象は、全国のペットショップや動物病院となる。

これが、ＢtoＢにおける「取引先のストック化」の手立ての一つだ。

◻サプライチェーンそのものの消滅を考える

実はこの手の施策は、社内で理解されづらい性質を持つ。卸や大口の取引先にいかに大量の商品を販売していくかに日々取り組んでいるメーカーの営業からすれば、売上の小さい店を一店一店相手にするのは効率が悪く感じる。しかも、あくまで「勉強会」であり、そこで販売を行うわけでもない。いったい、何のための活動なのか、ということになる。

しかし、これはメーカーにとって、今後ますます重要な活動になる。

顧客消滅時代のＢtoＢマーケティングにおいては、「どのようなサプライチェーンに属しているか」が決定的に重要になる。チェーンそのものが消滅する可能性があるからだ。

私が30代の頃、ある食品メーカーのマーケティングの仕事に携わったことがある。そのメーカーはずっと売上を伸ばしてきており、一見順調に見えていたが、実は危険な状態だった。なぜなら、そのメーカーの属するサプライチェーンの先は、ダイエーにつながっていたからだ。当時、小売業として日本最大の売上を誇っていたチャネルにこのチェーンはつながっていたが、その後、チェーンそのものがいったん「消滅」してしまった（その後、イオングループとなって今日に至る）。

こうした「消滅」は、当時は特異なことだったが、これからは続々起こるだろう。どんなに巨大なチェーンでも、その出口で最終顧客に選ばれなくなれば、チェーンそのものが消滅する。

それを避けるためには――サプライチェーンに属する誰が音頭を取ってもいいのだが――サプライチェーン全体を把握し、チェーン全体として最終顧客に選ばれるよう強化していくという発想が必要となる。

このような、単なる商品の売り買いだけでなく、サプライチェーンを担う会社同士がその強化を目的につながるネットワークを、私は「価値創造型サプライチェーン」と呼んでいる。

◘ あなたの「本当の顧客」は誰ですか？

取引先企業の「ストック化」はもちろん重要だが、できればどんな企業においても、最終顧客と直接つながるという活動もすべきだろう。

最終顧客のストック化は、扱っている商品によってやりやすい、やりにくいがあるだろう。だが、どんな製品や商品に関しても、結局、利益をもたらしてくれているのは最終顧客だ。最終顧客とつながろうとしないということは、「自社の顧客を見ようとしていない」のと同義である。


だが、そんな当然のことをしない、あるいはそもそも考えようともしない企業が多いのが現状だ。それは結局、「自分の本当の顧客は誰か」を認識していないからではないだろうか。

メーカーにとって、卸や小売店は重要な取引先ではあるが、彼らが商品を扱ってくれるのは、その先に買ってくれる最終顧客がいるからだ。サプライチェーン全体を見ないと、それを見誤る。その結果、内輪の狭い世界だけに閉じこもってしまうのも問題だ。

たとえば私も付き合いの深い出版業界においては、出版社から発刊された書籍は取次（卸）に卸され、全国各地の書店に配本される。そして、その先に「読者」という顧客がいるわけだが、従来の出版社の営業は取次と書店に限定されており、最終顧客とつながる機会は極めて少なかった。せいぜい読者カードで感想を返してくれた人とか、読者向けイベントに参加してくれた人くらいだろう。そのため、10万部、20万部のベストセラーですら、そこから得られる個人情報はごくわずかだという。

一部の出版社はそれを危惧し、直接顧客とつながろうとしているが、実にいいことだと思うし、これからは必須の活動だろう。

他にも、自動車メーカーや大手食品メーカーがウェブ上にファンコミュニティを作ったりすることで、顧客とつながろうとする動きが見られるが、これも正しい動きだろう。

そこから得られる売上自体は、それほど大きなものになり得ないかもしれない。だが、それでいいのである。

その人たちがインフルエンサーとして、マーケティングに寄与してくれるという効果ももちろん、期待できる。だが、それ以上に大事なのは「顧客を知る」ということだ。そもそも顧客を知らずして商品開発や販売促進をするというのは、あまりに危険なギャンブルだ。

しかし、そんなギャンブルを、多くの企業が行っているというのが現状なのである。

1・5 マス・マーケティングの限界
——「マスク」と『鬼滅の刃』から見えること

◘「CM発の大ヒット」が久しく生まれていないワケ

２０２０年、この年を象徴するような大ヒット商品が二つ生まれた。一つは「マスク」に代表される感染防止グッズ。もう一つは、日本映画界の興行記録を塗り替えた『鬼滅の刃』だ。

この二つの事例から見えてくるものがある。それは「フローを狙い続けることの難しさ」である。

いわゆる「マーケティング」という言葉は、かつては「マス・マーケティング」と同義だった。多大な広告費を投入して露出を増やし、広く知らしめることでヒット作を生み出す。

大雑把なターゲットの区分は行うが、あとはとにかく露出量を増やして「フロー」の顧客を取り込むことを目指す。つまりそこでは、世の中にはニーズの海があり、そこに向かってどのように自社の商品を売っていくのかを考えるのがマーケティングだということになる。

この手法が最も効果を発揮したのは、世の中に圧倒的にモノが不足していた戦後の経済復興期、そして高度成長期だ。当時は、新しいモノをどんどん買うことが、豊かになることと同義だった。たとえば自家用車を持つことは大変なステイタスであり、隣の家が買ったら自分たちも買わなくては、と誰もが考えた。私自身、子供の頃に初めて親が自動車を買ったときの誇らしい気分をいまだに覚えている。

だから、ＣＭや広告によって自動車の露出を増やせば増やすほど「欲しい」という欲求を喚起することができた。「チキンラーメン」など昭和のヒット商品の歴史を紐解いてみると、「ＣＭが転機になった」といった記述がよく出てくるのは、まさにそのためだ。

しかし、今の日本において、必要なものはほぼ行き渡ってしまった。そして、「ＣＭ発の大ヒット」も、とんと聞かなくなってしまった。

それでもある程度の年齢以上の人はまだモノに対する執着があるかもしれないが、若い人になればなるほどそれがなくなる。必要なモノを持っていなければ借りればいいと考える。そういう意味では、世の中は明らかに「ミニマリズム」に向かっている。

◻「F1」「F2」などというくくりはもはや意味がない

一方、世の中が多様化することで、人々が欲しいものもまた、多様化していった。

今でもマーケティングの本を読むと、顧客の分類方法として「F1」(20～34歳の女性)「F2」(35～49歳の女性)などという用語が載っていたりするが、もはやそんな大雑把なターゲティングでは真のニーズを把握できない時代になっている。確かに「ミレニアル世代は全体的にこういう傾向を持っている」といった世代ごとの行動様式や思考特性はあるが、結局、何を買うかは人それぞれ。ある服を見て「どうしても欲しい」と思う35歳の女性会社員もいれば、全然関心を持たない35歳の女性会社員もいる。

多様化するということは商品数が増えるということだから、当然、一つひとつの商品の売上は下がる。むしろ、隣の人が持っているものは持ちたくないというニーズすら生まれる。つまり、大ヒット商品が必然的に生まれにくい時代になっているのだ。

◻「やっぱりマスだ」の原点回帰ほど危険なものはない

しかしここで、久しぶりに爆発的な「フロー」のニーズを喚起する商品が出た。それが「マスク」である。あるいは消毒用アルコールなど除菌用品もそうだ。これこそまさに、久々に登場した、老若男女あまねく欲しがる商品だった。

だが、逆に言えばこうした商品は、災害レベルのことが起きない限りは生まれない、ということになる。オイルショックの直後にトイレットペーパーがなくなったという話と同じだ。つまり、企業がコントロールして作ったヒットではない。「マスク特需」に沸いた企業はあくまで、時代の流れに追随したということだ。

私がここで危惧しているのが、マスクが飛ぶように売れた状況を見て、「やっぱりマス向けの大ヒット商品作りが重要だ」という先祖返りが起きてしまうことだ。マスの時代は明らかに終わろうとしているのに、それにすがりついてしまっては、ますます生き残れなくなってしまう。

特に、バブル期を知っている世代の人などの中には、「マス商品がバカ売れした時代」を忘れられない人たちがいる。今回のマス的なコロナ特需で妙に張り切っているこの世代の人がいたら、要注意だろう。

社を挙げて「転売ヤー」になるという愚

もちろん、時代の要請を的確に読み、フローを狙っていくという道を、私は否定するものではない。だが、それは結局、いわゆる「転売ヤー」と同じなのではないだろうか。

転売ヤーとは、どんなジャンルでもいいので売れそうなものを真っ先に購入し、「ヤフオク！」などのサイトで転売する人のことを指す。マスクを超高額で販売したり、ファン向けの非売品のノベルティを即座に出品したりして物議をかもすことも多い。だが、そのことの道義的な是非をいったんおいて考えれば、「安く買って高く売る」というのは、ある意味ビジネスの基本ともいえる。

だが、そのために彼らは常に最新情報を追いかけ、時には朝早くから並んでモノを手に入れなくてはならない。しかも、一歩間違えばすぐに値崩れしてしまう。この手のビジネスは、需要に対して供給が足りていない場合にのみ成り立つものだからだ。マスクがまさにそうで、一時はひと箱3000円とかで売られていたマスクが、今は数百円で街のあちこちで売られている。

ちなみに、昔のアメ横はまさに、そういう場所だったそうだ。商品は何でもいいので、とにかく売れそうなものを仕入れて売る。だから昔のアメ横の写真を見ると、食品の隣で長靴が売られていたりする。でもそんなアメ横ですら、今はほとんどの店が専門特化している。

会社として、店として「フローを狙う」ということは、悪く言えば「社を挙げて転売ヤー活動をする」ことと同義だが、果たしてそれは持続可能なことなのだろうか。そしてこの「顧客消滅時代」に、果たしてやるべきことなのだろうか。

◻アマゾンに勝つ方法はある。だが……

あるいは、潤沢な資金と優れたシステム、そして豊富な人材がいる会社なら、フローを狙ってもいいだろう。そういう会社の代表がアマゾンだ。

アマゾンが行っているのは、超巨大規模でのＩＴを駆使したマーケティングだ。

まず、そもそも日々アマゾンで買い物をしている人の数がすさまじい。そんな日々の大量の購買履歴から、どんな商品にニーズがありそうかを予測して、提供し、仮説検証のサイクルを回していく。そのサンプル数は億単位になる。数百人のサンプリングにより商品開発や販売促進を行う企業とは、文字通りケタが違う。

また、そのデータは個々のユーザーにもフィードバックされていく。自分の購入履歴やチェックした商品を踏まえてなかなかによく考えた（考えているのはＡＩだが）商品を推奨してくることに、もう慣れてしまい、むしろ便利に思っているユーザーは少なくないだろう。

そんなアマゾンに、あなたの会社は勝てるのか、という話である。アマゾンに対抗するためには、少なくともアマゾン並みのＩＴ投資が必要になる。そんな資金と覚悟があるのなら、アマゾンに真っ向勝負を挑めばいい。しかし、そんな企業がどれだけあるかといえば、おそらく全企業の０・１％にも満たないだろう。

一昔前は「アマゾンにどう対抗するか」という話があったが、もはやその問い自体がナンセンスだ。アマゾンはすでに生活のインフラになっている。アマゾンと対抗するのは他の巨大ＩＴ企業や、アリババなど中国の巨大ネット企業に任せておけばいい。

むしろ我々が考えるべきは、それを利用するか、そことはまったく別の領域——つまり、ストック型ビジネスの世界——で生きるかだ。

『鬼滅の刃』の不思議——なぜ、あれだけ「クセが強い」作品がヒットしたのか

さてここで、もう一つの２０２０年の大ヒットの話をしたい。『鬼滅の刃』だ。

ご存じの方も多いと思うが、改めて説明しよう。『鬼滅の刃』とは吾峠呼世晴氏による大正時代を舞台にした漫画であり、２０１６年より『週刊少年ジャンプ』にて連載を開

始。2019年にアニメ化されると一気にブレイクし、さらに2020年10月に公開された映画は興行収入300億円を突破と、これまでの日本映画の興行収入記録を塗り替えるほどの大ヒットとなった。

『鬼滅の刃』は主題歌のヒットやアマゾンプライムでの無料配信、各種商品とのコラボなど、さまざまなマーケティング施策を行っている。まさに「従来型のマス・マーケティングの勝利」のように思うかもしれないが、私はそうではないと考えている。

かつてのマス商品というのは、たとえば自動車がそうだし、さらに古い時代までさかのぼれば「ダッコちゃん」や「フラフープ」といったようなブームを巻き起こした商品もそれにあたるだろう。人々がそれらを求めた要因は「周りの人が持っていたから」、あるいは「ないと不便だから」であり、誰からも愛される商品、誰にとっても使いやすい商品こそが、大ヒットの条件だった。

一方、『鬼滅の刃』は、かなりクセの強い作品だ。読んでみればわかるが、暴力的なシーンやグロテスクな描写も多く、決して万人受けする作風ではない。しかし、その個性の強さこそが、一部の熱狂的なファンを生み出した。

熱狂的なファンたちと、その人たちが作り出す世界のことを「ファンダム」と呼ぶが、

『鬼滅の刃』のヒットの核にはこの「ファンダム」があった。そして、そのファンダムの世界観を大切にしつつマスに広げていくマーケティングを行ったからこそ、あれだけの大ヒットになったというのが、私の分析だ（マスに「広がった」ことにはさまざまな要因があるが、そのことについては、また後の章で述べる）。

ちなみに、『鬼滅の刃』に抜かれるまで日本映画の興行収入記録を持っていたのは、宮崎駿監督の『千と千尋の神隠し』だったが、あれも今思えば、かなりクセの強い作品だった。「ファンダムをコアとした大ヒット」の先駆けだったのかもしれない。

■人口8万人の街で、1万人のファンを持つハンバーグ店

さて、ここで「マスク」と『鬼滅の刃』という二つの話をさせていただいたのには、理由がある。顔の見えない「マス」を狙うのではなく、「ファンダム」を作り、育てていくこと。これこそが「顧客消滅」時代のマーケティングの核心だと考えているからだ。

事例として紹介した新大阪のバー「バーキース」も、新潟の「エスマート」もまさに、

ファンダムに支えられているからこそ、コロナ危機を乗り切ることができている。

ここで、ファンダム作りにおいて、圧倒的な成果を出している事例を紹介したい。愛知県蒲郡市にあるハンバーグレストラン「炭棟梁」だ。

この店には「炭棟梁大使」という、いわばファンクラブのような制度があるのだが、２０２０年には会員がついに１万人を突破した。人口約８万人の街の、たった１店舗しかないハンバーグレストランが１万人のファンダムを持っているというのだから、まさに異常である。

そして、こうなるともう、何でもできる。実際、会員が５０００人を超えたときからこの店では夜の営業をやめ、昼のみの営業にしてしまった。それでも、十分利益が出ているのだ。

さらに驚くのは、この店がファンダムを意識してファンクラブ制度を作ったのは、わずか３年前のことなのだ。たった３年で１万人のファンダムができてしまったことになる。

この店は２０００円から３０００円という価格帯のハンバーグが中心なのだが、実は４年前には、同じようなハンバーグを９８０円で、しかも前菜ビュッフェやピザ、ドリンクバーまでつけて提供していた。それでもお客さんは来なかった。しかし、ファンダムを意識した活動を始めて約3年で、メニューや営業時間を減らしたうえで、それ以上の利益が出るようになった。

蒲郡ではかなり早い段階でコロナ感染者が出たのだが、当時も今も商売にはまったく影響はないという。

店主の森下容輔氏は以前の自分を、「毎日深夜まで仕事をして、疲れ果てて眠る日々」「仕事が愉しくなかった」と振り返るが、今では時間的余裕も生まれ、何より愉しく商売を行っている姿が印象的だ。

「1万人のファンダム」というと、個店ではそうそう持っていない数字だろう。何しろ、単なる「1万人の登録者」ではない。「1万人のファン」なのだ。それが持つパワーを想像できるだろうか？　何かのアクションを起こすたびに「1万人のファン」が常に動いてくれるパワーを。

ただ、ここで急いで付け加えておきたいのは、「大切なのは数ではない」ということだ。

たとえば「バーキース」も、2019年からファンダムを作り始めた矢先のコロナ禍だった。それでも、自社の顧客のほんの一部でも「ファンダム化」しておけば、何が起きても手の打ちようがある。今回のコロナショックに匹敵するような緊急事態が起きても、当面の危機は回避できる。ファンダムこそが「顧客消滅時代のマーケティング」のベースとなるのである。

では、どのように顧客とつながり、ファンダムを作っていけばいいのか。次章以降にて詳しくお話ししていこう。

第2章

「ファンダム」をどう作るか

——「顧客消滅時代のマーケティング」実践編

2・1 すべての活動は「顧客リスト」から始まる

「お客」を「顧客」にしていくために

顧客消滅時代において、「フローからストックへ」自分のビジネスを変えるにはどうしたらいいのか。その第一歩は、とにかく顧客・お客とつながることだ。

ちなみに私は「顧客」と「お客」という言葉を区別して使っている。顧客とはいわゆる「リピーター」、さらには「ファン」である。その会社と強いつながり、つまり「絆」を持つ人たちを顧客と呼んでいる。

一方、これから顧客になっていく可能性がある人が「お客」である。「お客」をいかに「顧客」にしていけるか。それがフロー型からストック型へと移行するカギとなる。

アンケートを活用するなり、会員制度を作るなり、方法は何でもいい。まずは「連絡先を集める」「アプローチ手段を整える」ことがスタートとなる。すでに顧客といえる人がいたとしても、連絡先を知らなければアプローチができない。また、せっかく「お客さん」が来てくれても、継続的にアプローチする手段がなければ、「顧客」に育てていくのは難しい。

「目先の売上が厳しい中、そんな悠長なことは言っていられない」と思うかもしれないが、それでは、いつまでたってもフローに頼らざるを得ず、世の中の動きに振り回されるビジネスから逃れることはできない。今日からでも遅くない。まずは始めることが重要だ。

静岡県でお茶の製造販売を行う「お茶のさすき園」は、コロナ禍において顧客リストの重要性に気づき、急ぎ活動を開始したところ、４カ月で５０００件もの顧客リストができたという。さすがにこの数は極端かもしれないが、今、始めなければゼロのままだ。

◻ 墓石店が「顧客リスト」⁉

「うちはリストが取りにくい業種だ」と考える人もいるだろう。しかし、やり方は必ずある。

ここで、「最も顧客リストが取りにくそうな業界で、顧客リストを集め、ストック型に変革した」事例を紹介したい。福井県にある「宝木石材」である。

この会社が扱っているのは「墓石」である。言うまでもなく、墓石のニーズは一生のうち一度あるかないかだ。そんな企業が顧客リストを集めて、意味があるのか。

そんな声が多い中、現社長である宝木幹夫氏は、地道に顧客リストを増やしていった。時間があれば墓地に行き、先代が過去に建てたお墓を確認し、その住所や名前の追跡確認を行ったりすることで、コツコツとリストを作っていったのだ。宝木氏自身、当初は「本当に意味があるのだろうか」とずっと半信半疑だったというが、その努力は徐々に実ってきた。

コロナ禍の中でも、その力は遺憾なく発揮された。同業他社が軒並み業績を落とす中、宝木石材はずっと好調を維持しているのだ。その理由が面白い。顧客が「コロナで大変だろうから、お墓を建てたいというお客さんを紹介するよ」「お墓を直したいという人がいるから連れてきたよ」と、次々とお客さんを紹介してくれるというのだ。あるいは「来年、再来年にリニューアルする予定だったけど、今年にするよ」という顧客もいたという。宝木氏いわく「忙しくて休む暇もない」状態だという。

まさに、地道に集め続けた「ストックとしての顧客」が危機を救ってくれているのである。

リストは、温めなくては意味がない――多くの企業が陥るワナ

ただ、顧客リストの難しいところは、ただ集めて何らかのアプローチをすれば売上が上がる、というほど単純なものではないことだ。リストは、単なる名簿では意味がない。顧客リストのお客さんに対して常にいろいろな働きかけをすることで、リストを活性化させ「生きた顧客リスト」にする必要がある。これを私は「リストを温める」と呼んでいる。

たとえば宝木石材では定期的にニューズレターを発行して顧客とのコミュニケーション

を図るとともに、石材店であることを生かした石挽コーヒーや石窯ピザのイベントを開いたり、「墓もうでワークショップ」なるものを開いたり、受験生向けの「合格サイコロ」（5か9の目しかない石でできたサイコロ）を作ったりと、さまざまな活動で顧客との絆を培ってきた。

実は多くの企業が個人情報を活用しようとして失敗するのは、ここに原因がある。とりあえず顧客リストを作れということで、昔集めた顧客情報を引っ張り出してくる。たいてい、部門ごとにばらばらに取っているので、集約するだけでも一苦労だ。そして、やっとの思いで集約し、商品の案内を出してみたところ、まったく反応なし。そして、「やっぱり顧客リストなんて意味ないよ」と、それきりになってしまう。

自分が顧客の立場だったらどうかと考えてみてほしい。数年前に一度商品を買っただけの会社から、ある日突然ＤＭが来て、それで何かを買おうと思うだろうか。

順序が逆なのだ。まず、温める。「仲良くなる」と言い換えてもいいだろう。たとえば有益な情報を定期的に提供したり、無料イベントに招待したりする。そうして仲良くなったあとに、「実はこんな商品があるのですが」とお勧めする。それによってやっと、ごく一部の人が購買行動を起こしてくれるのである。

私が主宰する「ワクワク系マーケティング実践会」では、顧客とのコミュニケーションのためのDMを「ニューズレター」と呼び、何かを販売するための「セールスレター」と区別している。ニューズレターではとにかく、コミュニケーションを重視する。商品の紹介をしてもいいが、あくまで「お役立ち情報」くらいに留めておくのがポイントだ。このニューズレターは、顧客リストを温める強い武器になる。今日では、多くの会員企業が、SNSを併用してさらなる温め活動にいそしんでいる。

◘関係を作り、それから「買っていただく」。この順番を間違えない

しかし、多くの企業は顧客リスト集めにお金をかけても、顧客リストを「温める」ことにお金をかけようとしない。だが、それなくしてモノを売ろうというのは、いきなり人間関係のできていない人に「お金貸して」と要求するようなものだ。

さらに言えば、順番を間違えてはいけない。モノを売るために関係を深めるのではなく、あくまで、まずは信用や信頼を醸成することだ。その信頼関係あってこそ、人は「買

ってもいいかな」という気持ちになる。そして、その先にあるのが「ファンダム」の世界だ。

顧客リストが温まっていれば、モノを売るのはそう難しいことではない。そのことを示すのが、昨今の「オンラインサロン」の隆盛だろう。

オンラインサロンとは、オンライン上に作られる、ある特定の人物のコミュニティのことだ。お笑い芸人「キングコング」の西野亮廣氏のそれが有名だ。西野氏はこのコミュニティ上で頻繁な発信を行い、顧客を温め続けている。

だからこそ、彼らは西野氏のファンとなり、彼の本を買い、映画を見る。それだけでなく、彼の勧めた本なども喜んで買うのである。

□過去の顧客リストが「打ち出の小づち」になるとき

先ほど「社内の過去の顧客リストをただ集めても意味はない」という話をしたが、アプローチ次第でそれは、あなたのビジネスを守ってくれる宝の山に変わる。先に、住宅リフォーム・リノベーション会社・スイコーが、自社の顧客リストにアプローチしたところ、即座に１２００万円もの売上が上がった話をしたが、こうした事例は数多い。

三重県で同じく住宅リフォーム・リノベーションを手がける「山のめぐみ舎」。同社はコロナ禍において、過去の顧客リスト１６００件にさまざまなアプローチを行った。とはいえこの１６００件の顧客リスト、それまでは温めてはいなかった。社長の神保健一氏は、「生きた顧客リスト」かと聞かれるとはなはだ疑問、生きているのは20％くらいではないかと、肌感覚で感じていた。

しかし、とにもかくにもアプローチを行った。関係性を育むためのニューズレターを送り、ＤＩＹクラブなどのイベントを行い、敷居を下げるため、粗大ごみの処分や庭のお手入れまでフォローする便利屋業務や網戸張り替えデリバリーサービスも始めＰＲした。

そうして、２０２０年3月からアプローチを始めた結果、コロナ禍にもかかわらず、前年比１８０％の売上となった。

たった20％の生きた顧客リストからこれだけの数字を出せるのなら、他のリストが「生きて」きたらもっとすごい数字になるのではないかと神保氏は言うが、正解だ。

再度言うが、顧客リストは打ち出の小づち、「生きた顧客リスト」はさらにその何倍もの力を持った魔法の小づちなのである。

□生殺与奪の権――リストはあくまで自社で持て

顧客リストを温めるには、顧客とつながることだ。

つながるためのツールは正直、なんでもいい。最近は私の周りでＬＩＮＥのお友達登録を活用する事例が増えているが、だが、これを見て「じゃあ自分もＬＩＮＥで」と短絡的に思わないほうがいい。

顧客の性質によってはメールのほうがいいこともあれば、手書きのＤＭのほうが効果を発揮することもあるからだ。もちろん、ＬＩＮＥなどの最新ツールが効くケースもあるだろう。自分が提供するサービスとの相性や、主な顧客のタイプから決めればいい。

極端な例を挙げれば、前述した新潟の「エスマート」のように、周辺に地域住民とのコミュニケーションを兼ねたチラシを配っているだけでそれほど厳密な顧客リストを保持していない会社もある。だが、それは強力なファンダムがすでにあり、かつ、スーパーという来店頻度の高い業種だからこその、現在の選択だ。多くの企業にとっては、これから始めるにあたっては顧客リストの整備は不可欠と言っておきたい。

ここで一つだけ付け加えておきたいのは、顧客リストは内部で持っておくべきだということだ。

ユーチューブやツイッターの「フォロワー」は、確かにつながっている顧客ではある。しかし、たとえばツイッターのフォロワーが１００万人いるとしても、ある日突然ツイッターから利用停止を勧告されたら、１００万人のフォロワーへのアプローチ手段はなくなる。１００万人とのつながりが一気に消滅するのだ。

「そんなことが起こるわけがない」と考えるかもしれないが、ある日突然、仕様変更や規約の変更を行うことがないとは言い切れない。いきなり消されることはなくても、変更されたやり方に従わなければ削除される、あるいはフォロワー管理費としてコスト負担を求められる、といった時代が来ないとも言い切れないだろう。プラットフォームへの依存度が高ければ高いほど、こうした要求を飲まざるを得なくなる。

コスト面はもちろん、個人情報漏洩の問題などもあり、外部にリストを持っているほうが安全だと考える向きもある。だが、ある程度の規模になったらやはり、自社でリストを管理するシステムを持つべきだし、そのためのコスト負担はケチらないことが重要だ。

近江商人の教訓に、「火事になったら顧客台帳を持って逃げろ」という言葉があるらしい。それほど重要な顧客リストはやはり、自分で保持したうえで厳重に管理すべきだろう。

◘顧客リストがない恐怖

コロナショックについて会員企業と話す中で、よく出てくるフレーズがある。それは、「もし、顧客リストがなかったらと思うとぞっとする」というものだ。

彼らは、顧客リストの整備を多かれ少なかれ進めていたから、コロナにより顧客が外出しなくなっても、何らかのアクションを起こすことができた。だが、もし顧客リストがなかったら、いつ解除されるかわからない自粛要請をじっと、ひたすら待つしかなかった。あるいは、自粛期間が明けてもお客さんが戻ってこなかった場合、なすすべがない。これほど怖いことはないというのだ。

ワクチンの接種が進められているとはいえ、今後いつまた同じような事態にならないとも限らない。COVID-19とは別のパンデミックが、今後起こらないとも限らない。それどころか、我々が想像もつかない形の「顧客消滅」が起こる可能性もあるだろう。

そのとき、再び「何も打つ手がない恐怖」を味わいたくないのなら、一刻も早く顧客リストの作成に取りかかってほしい。そしてそれをいつも温め、「生きた顧客リスト」にしてほしい。

顧客リストこそが、どんなに時代が変わっても価値を失わない「資産」であり、それがこの危機の時代からあなたのビジネスを守ってくれる最強の武器なのである。

2・2
「ファンダム」をどう作るか――顧客との「絆」の深め方

ファンコミュニティの育成はどんな組織にとっても急務

まずはとにかく、お客さんとつながる。そして、顧客リストを温めていく。その先にあるのが「ファンダム」の形成だ。

ファンダムは、「ファンコミュニティ」「会員組織」と言い換えることも可能だ。顧客消滅時代にはいかにして「ファンダム」を作り、育成していくかがあらゆる企業・店に問われる。ファンダムこそがどんな時代にも価値を失わない「本当の資産」になるからだ。

ファンダム、あるいはファンコミュニティを作りなさいということ自体は、多くの識者が言っている。しかし、その作り方を詳しく教えてくれる人はあまり存在しない。

私及びワクワク系マーケティング実践会の会員企業は、20年にわたってそれを追求し、実績を積み重ねてきたため、さまざまなノウハウを持っている。実際の事例も数多くある。正直、それだけでも1冊分の本ができるほどのボリュームなのだが、ここではその一端を紹介したい。

最初にしておくといいのは、「仕組み」の設計だ。ただやみくもに顧客にＤＭやメールを送ったところで効果は薄い。どのようなメッセージを発すれば、顧客はどのように感じ、どのような行動を起こすか。それにはどういうステップが適切か、促進させるものは何か等々、顧客の心と行動に向け想像力を働かせる。ビジネスはすべて、人の心と行動によって決まってくる。私はこれを「人にフォーカス」と呼んでいる。

その際、最初のアプローチからファンになってもらうまでのシナリオを描き出してみるのがいいだろう。たとえば、まずはこのツールを使ってこのようなメッセージを送る。それに興味を示してくれた人を次にこのイベントに誘う。一方、イベントには興味を示してくれなかった人には、後日改めて別のメッセージを送る、などだ。

前にも例に出した「炭棟梁」では、「炭棟梁大使」という会員制度がある。来店してくれた人なら誰でも即日会員になることができるのだが、来店のたびに「バッヂ」がもらえ、12種類をコンプリートするとカードがもらえるなどの特典がある。また、店内には「炭棟梁大使」のみ使うことが許されている器なども備えてある。このように、「一見客」が「顧客」になっていくための仕組みが見事に作られている。

さらに、コアなファンに向けて、「炭棟梁検定」という資格認定制度を立ち上げ、合格した人の名前は店内に掲示するといった活動も行ってきた。この検定の最終段階はなんと小論文の提出だ。「ハンバーグ店の検定なんて誰が受けるんだ」と思いそうだが、すでに多くの受験者がおり、小論文までたどり着いた強者も何人も生まれている。

ただし、最初からここまで厳密なシナリオを描こうとすると大変だし、最初からできている必要もない。とりあえず何か「やってみる」ことが重要だ。やっていくうちに見えてくることもあるし、うまくいかなければその都度、微調整すればいい。

今では1万人超の炭棟梁大使も、顧客リスト作りを始めた当初は、1種類のバッヂと会員証からのスタートで、他の特典も検定もなかった。そしてその頃、店主の森下氏はまだリスト獲得を試行錯誤しており、前月と比べて何十人多くリストを獲得できたかに一喜一憂していたのだ。

とにかく、やり始めることが肝要だろう。

「自分」を語れ！――自己開示は威力抜群

顧客との絆作りのポイントの一つが、「自分について語る」ことである。学問的にいうところの「自己開示」だ。

人は自己開示してくれた人に親近感を抱く。「最近こんな映画を見た」「○○を食べたらおいしかった」といった自分の身の回りの出来事、最近考えたこと、何でもいい。ワクワク系マーケティング実践会においては、これを中心にニューズレターという形にして、顧客に送ることが多い。

加えて、自分のビジネスにおけるポリシーを語るのもいいだろう。自分はどんなビジョンを持ってビジネスをしているのか。どのような思いでモノ作りをしているのか。あるいは、「将来こんなことをやりたい」というのもいい。

「歴史」を語るのも効果的だ。自分たちが今までやってきたことこそが、その会社や店のポリシーになるからだ。

一番ダメなのは、自分の商売や売りたい商品についてばかり書くこと。つまり「チラシ」ではダメだということだ。商品やサービスの案内はしてもいいが、顧客とのコミュニケーションツールであるニューズレターとは別にすべきだ。

そうして自己開示をして、読者がその人の価値観に賛同してくれると、そこに絆が生まれる。そして、そのうち何割かが、「応援者」とでも呼べるような存在に育っていくのである。

□コロナ時代でも「リアルな場作り」はやっぱり重要

コロナ禍にもかかわらず、いや、むしろコロナ禍だからこそ、「リアル」な接触は重要だ。もちろん、万全な感染症対策をすべきだが、そのうえで、人が集まりたくなる、来たくなる「場」を作ることが重要になる。

では、「来たくなる場」とは、どういった場所なのか。一つには、その場所の「しつらえ」だ。「その場所に行くと心が豊かになる」といったしつらえを工夫する。

たとえばアメリカには、巨大倉庫をそのまま店にしたような巨大スーパーがいくつもある。日本にも進出している「コストコ」はその一つだ。鉄製の棚に商品が積み上げられたその光景は圧巻と言えば圧巻だが、そこに行って「心が豊かになる」という感情は起こりようもない。

一方で、店内装飾にこだわるとともに、木製の什器で温かみを演出しているようなスーパーもある。そういうスーパーに行くと、行くだけでなんとなく嬉しくなってくるから不思議なものだ。こうしたことは、ちょっとした演出で実現可能だ。

また、とても重要なことなのだが、今日のお客さんはそれに気づく。

東京都あきる野市のクリーニング店「シルク」は、まさにこの「来たくなる場所」だ。外見からしてクリーニング店らしくなく、一見するとおしゃれな民家にしか見えないが、中に入れば居心地のよい庭があり、店内はくつろげるテーブルや椅子も置かれ、カフェか雑貨店のような風情。そこに人間的な接客やさまざまな要素がからみあって、独特な雰囲気を作っている。

以前この店に、母親に連れられてある中学生が来店したことがあった。それをきっかけに、その子や友だちたちも頻繁に出入りするようになった。あるとき店主・石井康友氏が、なぜよく来てくれるのかと聞くと、こんな言葉が返ってきた。

「なんかここ、いい空気がただよっているんですよ」

■もてなしの工夫は、ほんの小さなことでいい

もう一つは「もてなし」である。つまり、来てくれた方にどのように接するか。

もてなしというとリッツ・カールトンやディズニーランドなどの、極めて洗練された接客技術を思い浮かべるかもしれないが、そんな大げさなものでなくていい。ちょっとした気遣いや会話、楽しんでもらうための一工夫が、その人に「嬉しい」「楽しい」という感情を呼び起こす。

最近見たテレビで面白いケースが紹介されていた。名古屋発のコーヒーチェーン「コメダ珈琲店」がコロナ禍でも好業績を保ち続けていることを紹介した番組だったのだが、あるとき、社長が売上の好調な店舗を訪問していると、なんとレジを済ませたお客さんに店の人全員が「バイバイ」と手を振っていたというのだ。

確かにこんなことをされたら嬉しくなり、また来たくなってしまう。このくらいのことでも十分に効果のある「もてなし」になる。「バーキース」での楽しいもてなしの一つは名札だ。それは、「名前を書かない名札」。では何を書いているのかといえば、たとえば店主の名札には「鶴は千年、亀は万年、僕はバーテンダー歴30年」「趣味　極真空手」、マダムの名札には「昔雅楽やってました」などとある。

これならまだ自己紹介なので名札的ともいえるが、「国産ライムはジントニックでしょ」といったドリンクメニュー関連ものや、「朝カレーしませんか？」といった他の商品もの。さらには「お盆は休まず営業します」といった告知ものや、「今、洗濯機壊れてます！」といった、商品でも告知でもないものまで実に多彩だ。ちなみに、これまでで最もウケたものは「今、洗濯機壊れてます！」。これはマダムの名札だったが、大いに盛り上がるきっかけとなった。

このように、「もてなし」とはささやかなことでよく、大事なことは思いと工夫だ。

また、先の「シルク」のように、私の会の会員企業には、もてなしのためにスペースを割き、かつて売り場だったスペースにゆったりとしたソファやテーブルを置き、くつろいでもらうようにする店も多い。

当然のことながら、そうして「もてなし」やそのための「しつらえ」にこだわれば、その分商品の陳列スペースが減る。しかし、それにも増して売上が上がる。これは、会員企業の多くが実証済みだ。

なぜ、店頭の商品数が減るのに売上が上がるのか。その答えは明快で、ストック型ビジネスでは、売上はストックされている顧客、ファンの数に比例するからだ。

◘商品数を絞り込むことで、「価値観」がより明確になる

また今日、商品数が多いことがすなわち「価値」ではない。

大量生産、大量消費時代には、「たくさんの種類があること」が価値だった。しかしストック型ビジネスでは、商品数はむしろ、絞り込まれていく傾向にある。

大分県の寝具店「いとしや」。この店、たとえば敷布団では、大人用が3種類とベビー用が1種類の、計4種類しか置いていない。店主・大杉天伸氏によると、自分が本当に納

得して自信を持ってお客様に勧めることができる商品は何かを突き詰めて考えた結果、この品数に行きついたのだという。もし、お客様が別の商品を所望する場合、丁寧に他の店を紹介するそうだ。

さらに言えば、布団はどれもそれなりの値段のものだ。実は大人用の３種類というのは価格帯の違いで、価格帯ごとに本当にお勧めできる商品を３種類揃えているのだが、最低価格のものですらそれなりの値段がする。しかし、彼の話すそれぞれの商品の物語に魅了され、価値に納得し、お客さんは喜んで買っていく。

そして、いとしやは年々売上を伸ばし続け、コロナ禍でも好調を維持している。

誤解しないでいただきたいのだが、「品揃えを増やす」のが悪いということではない。だが、品揃えの豊富さだけで勝負しようとしたら、郊外型の超巨大店舗にどうしたって太刀打ちできない。さらに言えば、何でも揃うアマゾンや楽天などのＥＣサイトにはかないっこない。

メーカーも同様に、商品のラインナップをひたすら増やしたところで管理コストが増えるだけだし、結局、豊富な生産ラインを持つ巨大メーカーにはかなわない。

だったらどこで勝負するか、という話である。

そして何より、絞り込まれた商品は、まさにその会社や店が提供したい「価値」である。そして、それを買ってくれた人はその価値に共鳴してくれた人でもある。つまり、そこからは「ファンダム」が生まれやすいのである。

◘「祭り」を作る

もう一つ、ファンダムを作るために効果的なものを伝えておこう。それは、「祭り」だ。人は本来的に「祭り」が好きな生き物だ。どこかに盛り上がっている人たちがいれば、そこに加わって一緒に盛り上がりたくなる。『鬼滅の刃』があれだけヒットした理由の一つにも、外に出てリアルに祭りに参加できないような状況の中、一種の「祭り」に参加したいという欲求があったのではないか。

ファンダムを盛り上げるためには、こうした「祭り」を意識的に作っていくというのも効果的だ。

一つユニークな事例を紹介したい。川崎市の和菓子店「新岩城菓子舗」でのことだ。

同店の女将・徳植由美子氏は、コロナ禍で人と人とがなかなか会いに行けない状況下で、お菓子を通じてコミュニケーションを図ってほしいと考えた。そこで始めたのが「どら焼き全国制覇」という企画である。「こんな時期だからこそ、親しい人にメッセージを送りませんか」と、贈答用に「ありがとう」などのメッセージを入れたどら焼きを用意。それを全国の知人に送ろうと働きかけた。さらに店頭に、「めざせ全国制覇」と書いた日本地図を貼り出し、実際に発送を行った都道府県に印をつけていったのだ。

店に来る人は面白がってくれるとともに、だんだんその進捗が気になってくる。なかなか印がつかない県があると、「じゃあまだ送ってないこの県に送るよ」という人が続出したという。

これはまさに「祭り」に参加するようなものだろう。そうして、この祭りに参加した人たちはファン度が上がっていく。

企業の「増売キャンペーン」などは、ともすれば企業側の一方的な施策になりがちだ。しかし、そこで「顧客を巻き込み、祭りを作る」という視点が加わることで、売上もファンの気持ちも高めることのできる施策になる。

◻ファンダムの究極の形は「共創」である

この例からもわかるように、ファンダムの究極の姿とは、「売る側と買う側」という関係ではなく、互いに何かを創造していく仲間となっていくことだ。

1万人超のファンダムを持つ「炭棟梁」に、象徴的なエピソードがある。炭棟梁では最近、真空パックのハンバーグを開発した。自宅でも炭棟梁の味を味わってほしいと思ってのことだが、自宅で手軽に調理してもらうことを考えると、どうしてもお店の味と同じものを再現することは難しかった。店主もそれは仕方のないことだと諦めていた。

そこにファン顧客の一人が、「自分がもっといい調理法を考える」と言い出した。その人は15個の真空パックハンバーグを自腹で購入し研究。その結果、店主すら驚くような家庭でできる調理法を編み出したという。

今ではその調理法が公式とされ、調理工程も動画で配信、その人のアドバイスにより商品自体も微調整を行ったという。まさに一緒に創り上げていく「同志」なのだ。

「共創」という言葉がある。文字通り共に創っていくことだが、これからの時代、店と客、企業と客の関係はそういうものになっていく。その「共創関係」とはどんなものかと考えるとき、炭棟梁のこの事例を思い出すといい。

また、『鬼滅の刃』のようなコミックやアニメから生まれるファンダムの共創からも、「共創」というものの典型的な姿が見られる。ネット上に次々とアップされるイラストや「歌ってみました」の類のもの、コミックマーケットにあふれる二次創作の作品群、それらを買い、読み、聴き、観るたくさんの人の存在だ。そこではみなオリジナルに敬意を払いながら、新たなものを創り出し、消費する。その動きがうねりとなって、またオリジナルが発展する。

「共創」に支えられた市場は、持続性が高いものだとも言えるだろう。

第3章

BtoBビジネスも「ファンダム」がカギを握る

3・1

取引先をファンにせよ——B to Bも結局「人」で決まる

◻「ファンダム」はB to Cだけのものか

「ファンダム」作りはあくまでB to Cの世界の話であって、B to Bビジネスの世界は別だと考える人も多いと思う。だが、そんなことはまったくない。

愛知県に「キングラン東海」という会社がある。病院や福祉施設などに、カーテンや介護ベッド、車いすなどのレンタル・リースを行う会社。典型的なB to Bビジネスだ。

同社は２０２０年、コロナ禍の真っ只中にあった。何せ主力顧客は病院。関係者以外は入館禁止。コロナで営業活動ができなくなってしまったのである。

それでも同社には、10年育んできた絆で強く結ばれている顧客があった。そこで、毎月ニューズレターを送付し続けている３００件ほどの顧客に表敬訪問を行うことにした。なんとか営業しようとしたのではない。自分たちにも何か手伝えることはないかと思ってのことだった。

同社・原田浩史社長も、約３００件の顧客すべてを自ら訪問した。訪問といっても入館は禁止のため、外からチャイムを鳴らし、相手はモニターで見て対応するのだが、どの病院も彼がチャイムを鳴らすと、「よく来てくれたね」と大歓迎。外に出てきて出迎えてくれた。そこでよく言われた言葉が、「あ！　社長さん！　やっと本物に会えましたね！」というものだったという。普段社長が全顧客を訪問することはないが、顧客は毎月届くニューズレターを通じて彼を見ている。それを続ける中で、テレビを観ている視聴者のような体になっていたのである。

そうして歓迎を受けた原田氏は、「何かお手伝いできることはありませんか」と尋ねる。この一連の活動で、顧客との絆は一層深まった。ある顧客からは「キングランさんは戦友です」との言葉をいただいたとのことだ。

今回のことを経て原田氏は「『ファンダム』というものが、自分のところのような業種では少しピンときていませんでしたが、できていたことを実感しました」と語る。

そして驚いたのは、キングラン東海の昨年の業績だ。コロナ禍でカーテン交換には行けず、取り換えの予定も延期延期、売上を伸ばすのは難しい状況だった昨年だが、粗利がなんと５％も上昇した。価格競争が激しく、１％上げるのも大変とされる業界で、実に５％の上昇。

ちなみに原田氏の口グセは「法人といえども人の営みに変わりはない」である。

◻自己開示で営業担当者がアイドル化⁉

ＢtoＢコミュニティ作りのノウハウは、ＢtoＣにおけるそれがそのまま応用できる。会社同士の付き合いもまた、結局は「人と人」のつながりだからだ。

たとえば、ＢtoＣで有効な「自己開示」は、ＢtoＢでも有効だ。商品案内の中に自分のことを書いたレターを同封したり、スタッフの顔写真が入ったチラシをつけたりと、やり方はさまざまだ。

「そんなことをしたら怒られるのではないか」と考えるかもしれないが、やってみるとみんな、意外とすんなりと受け入れてくれる。さらには、これがきっかけで営業活動がスムーズに進む。

ある大手商社で法人営業を手がける岩田雅史氏は、新規の営業訪問の際、「自己紹介シート」なるものを持参している。そのＡ４のシートには、自身の趣味のことなど自己開示情報が満載。それを行うようになって、新規のお客さんとの関係性も早く築け、特に自己開示情報の中に共通の話題があると一気に関係が築かれるという。そしてそれが、数千万、１億といった大きな受注につながることも、珍しくないこととのこと。

長野県で主にドライフルーツなどの食品を扱うＢtoＢ卸業を営む「マルシンフーズ」で営業を手がける飯沼健一氏。こちらは、３年にわたってコツコツと「マルシン通信」というニューズレターを取引先に向けて発行し、自分や自社の日常をイラスト入りで紹介していた。飯沼氏自身はその間、２年ほど営業現場を離れたのだが、最近になって久々に現場に復帰した。

２年間現場から離れているうちに現場担当者もかなり入れ替わっており、「初めまして」と名刺を出すような状況も多かったという。

しかし、ここで「マルシン通信」が効果を発揮した。相手担当者の多くが、「マルシン通信」を読んでくれていたのだ。こうなると、人間関係作りもスムーズに進む。

ある大手取引先の担当者からは、出会うと同時に「うわっ、本物だ」と言われたというのだから、先ほどの原田氏同様、もはやアイドルかという話である。そして、その会社とはすぐに積極的な取り扱いの話へと進んでいったという。

まさに、「B to Bも人で決まる」のだ。

■「一緒に学んでいく」姿勢がファンダムを作る

前述した朝日ウッドテックやロイヤルカナン・ジャポンなどでの取り組みも、最終顧客ではないが、取引先を「人と人」のつながりで「ファンダム」にしていく取り組みだ。

こういう場合のファンダム作りのポイントの一つは、「共に学んでいく」ことだ。一方的に説明を行う「商品説明会」ではなく、どのように商品を提供すればお客さんに喜んでもらえるか、ひいては業績を上げられるかを一緒に考えて、実践していく場を作るのだ。

通常、商品の価値は、仲介者を経れば経るほど、伝わらなくなっていく。その価値を減らすことなく最終顧客に伝えることができれば、無意味な安売りなどもなくなり、そのサプライチェーンに属する誰もがハッピーになる。サプライチェーン全体を巻き込んでの勉強会は、そのための施策でもある。今日の社会変化を感じている販売店ほどそれを理解しており、メーカーの提案にも乗ってきてくれるはずだ。

ロイヤルカナン・ジャポンの山本俊之社長によれば、そうしてともに学んだペットショップほど、その店全体の売上が上がるだけでなく、自社商品の売上も上がる傾向にあるという。まさにウィンウィンの関係が出来上がるわけである。

これは一種の「学びと実践のBtoBコミュニティ」だが、このBtoBコミュニティ作りがうまくいくと、営業効率が上がるというメリットもある。営業担当者が一店舗一店舗回らなくても、学びの場に集まってくるようになり、ある意味「勝手に」売ってくれるようにもなるからだ。朝日ウッドテックの海堀哲也社長の話によると、学びの場に参加している工務店・リフォーム店同士が朝日ウッドテック社のフローリングを題材に「これを売るにはどうするか」という議論を行い、対策を考えてくれる動きもあるそうだ。そういう方々による試行錯誤を経て成果が出たものがあれば、全取引先へ広げていくのも効果的だ。

これはBtoBにおけるファンダムの理想的なあり方の一つだ。

□協力会社もファンにしてしまう

もう一つ、忘れがちなことを指摘しておきたい。ここで言う「ファン」とは、決して自社商品を買ってくれている相手のみを指すのではない。製造のサポートをしてくれている会社や、商品の発送を担ってくれている人など、いわゆる「協力会社」もまた、重要なファンになるということだ。

ここでＥＣビジネスを展開する通販企業の事例をご紹介したい。名古屋市に本社を置く「ファインエイド」という会社だ。中小規模の会社としては珍しいＲＰＡの導入を果たすなど、すでに高度なデジタルトランスフォーメーションを実現している企業でもある。

コロナ禍は本来、ＥＣビジネスである同社にとってはチャンスとも言える状況だった。そんな中、同社・森孝幸社長は目先だけにとらわれることなく、「今は売上を追求するより、つながりを強化する時期だ」と判断。ＥＣビジネスの会社であるにもかかわらず、顧客に社長がたしなむ己書をあしらったメッセージハガキを送るなどの、徹底的な絆強化活動を行い、大いに喜ばれた。

BtoBにおけるファンダム作り

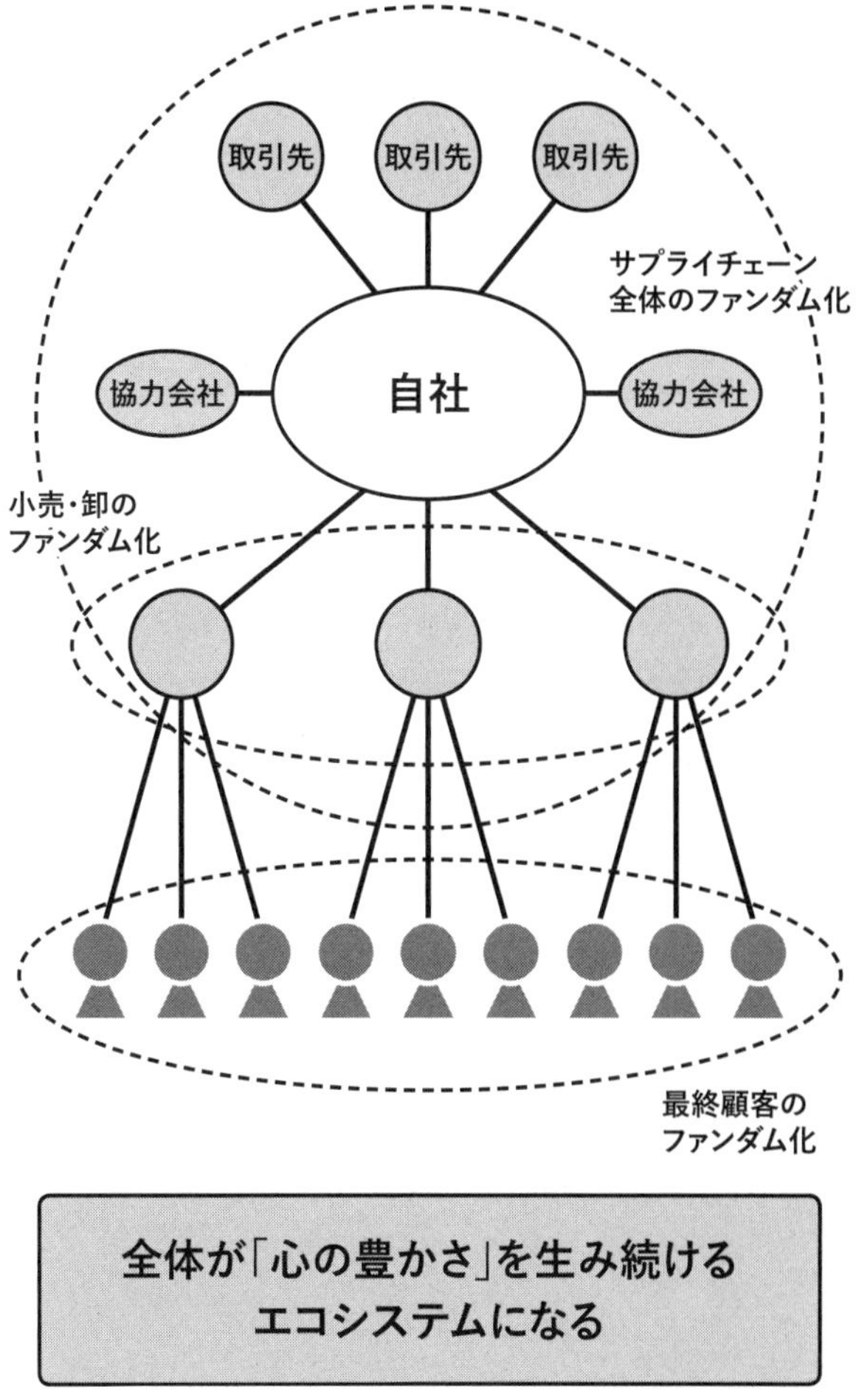

しかも同社、同様のことを、協力会社の人たちにも行ったのだ。一例としては内職業者。日々商品梱包に携わってくれている人たちは、自社のビジネスを支える重要な存在だということで、コロナ禍でも変わらず仕事をしてくれていることに感謝するメッセージカードを、送る梱包資材に同梱した。これには、受け取った多くの人が感動したという。

ちなみにその後、この会社ではあるトラブルが発生したことがあったが、協力会社が一致団結してそのピンチを助けてくれたこともあった。

目先の売上にとらわれず、長期を見据えた社長の判断が、サプライチェーン全体を「ファンコミュニティ」にしたのである。

□話題の「オープンイノベーション」もコミュニティから

昨今よく聞く「オープンイノベーション」も、まさにこの「コミュニティ化」が重要と主張するのが、元村田製作所オープンイノベーション推進チームマネージャーの牛尾隆一氏だ。

オープンイノベーションというと、自社が持っていない技術を、それを持つ会社と共有する、といったニュアンスで使われがちだが、より本質的には、互いに手の内をすべて明かしあって情報交換・知識交換を行うことで、自然とウィンウィンのイノベーションが起きていくことだと牛尾氏は言う。企業同士が守秘義務契約を交わしてから、互いの持っていない技術は何かと腹の探り合いをするような場からは、何も生まれない。むしろまずコミュニティを作って価値観を共有することが大事であり、そのコミュニティの中からイノベーションが生まれてくるというのである。

そう考えたとき、BtoBのファンダムの究極の姿もまた、BtoCのファンダムと同じだということに気づく。つまり、「売る側と買う側」という関係だけでなく、互いに何かを創造していく仲間。「炭棟梁」の顧客が真空パックハンバーグのおいしい調理法を考えてくれたように、互いが互いのビジネスがどうしたらうまくいくかを考え、提案しあう。そんなコミュニティができることで、サプライチェーン全体が、最終顧客も巻き込みながら「心の豊かさ」を生み出し続けるエコシステムになるのである。

人の「シミュレーション限界」をどう克服するか

ただ、BtoBビジネスの世界において、今お話ししてきたような活動を行っている会社は少ない。その理由は、自己紹介シートやニューズレター、取引先を巻き込んでのBtoBコミュニティ作りなどが、どうしても売上につながるように感じられないことにある。売上につながる活動とは、一軒でも多くの取引先を回るとか、そこでの営業トークを磨くといった、直接的なこととみなされているからだ。

これはある意味、仕方のないことでもある。人間の脳は目の前のことに意識が向き、その後ろにある大きな構造を把握するのが苦手なのだ。

これをシステム理論では「人のシミュレーション限界」と呼んでいる。現在のように、先行き不透明で物事が複雑、変化が速く激しい時代——関連する英語の頭文字を取って「VUCAの時代」と呼ばれる——には、「複雑さ」をうまく処理することが重要だ。近年、ビジネスパーソンに不可欠な思考として「システム思考」がよく挙げられるが、それはこのような時代背景による。しかし、人は生来それが苦手なのである。

しかも、コロナ禍のようなときには、問題はさらに大きくなる。

最新の研究によれば、今のコロナ禍のような強い、そして急激なストレスがかかると、脳の前頭前野の活動が半ばシャットダウンされてしまうような状態になるという。前頭前野は、人が物事を俯瞰的・長期的に見る、あるいは計画的に考える際に重要な部位だ。

代わりに活動が支配的になるのは脳の古い領域で、ここは生き物として「生き残る」ことを第一に考える。すると、物事を俯瞰的・長期的に見ることや、計画的に考えることが極めて難しくなる。言いようのない不安に駆られたり、衝動的になったりもする。頭が真っ白になる人もいる。いわば「パニック脳」になってしまうのだ。

その結果、人は不安なときほど近視眼的になってしまう。

コロナ禍でなくとも人には「シミュレーション限界」がある。そのうえ不安が増大すると、より近視眼的になる。それをどう克服するかは、実は今日、気づかれていない喫緊の課題なのである。

3・2

商品開発の在り方が変わる
――顧客を知らずして、モノは作れない

◘顧客のことを知っていますか？

昨今、メーカーが最終顧客とつながろうとする例が増えている。たとえばホンダは自社サイト内にファンサイトを持っているし、森永製菓も「エンゼルＰＬＵＳ」というファンサイトを作り、情報を発信している。

ユニークなのは明治で、自社商品である「きのこの山」と「たけのこの里」のどちらが好きかという「国民大調査」を行うことで、まさに最終顧客を巻き込んでの「お祭り」を仕掛けている。投票者は20万人を超えているというのだからすごい。

なぜ、メーカーは最終顧客とつながろうとするのか。もちろん、口コミなどを期待して

のこともあるだろうし、その先には「メーカーから最終顧客への直接販売」という発想もあるかもしれない。

しかし、私はそうした目先の成果や数字にこだわる必要はないと思う。結局、メーカーが顧客とつながる一番の意義は、「顧客のことを知る」ことにあると思うからだ。

アンケートやモニターへのインタビューに意味がない、とは言わないが、それだけで顧客のことを知ろうとするのは無理がある。やはり、実際に商品を使っている顧客と日常的にコミュニケーションを取ってこそ、次にどんなものが欲しいのか、どんなサービスをしてほしいのかがわかる。

それは当然の話で、あなたは会ったこともない人に、「自分にぴったりのプレゼントを選んでほしい」と言われて、適切なものを選ぶことができるだろうか。その人をよく知っているからこそ、「こんなものが好きなのでは？」という仮説を立てることができる。

しかし、そんな当たり前のことが今、ほとんどのメーカーでできていない。

大事なのは「深く関わる」というより「いつも関わる」ことだ。接触頻度をとにかく上げること。そのためにはＳＮＳでの定期的な発信はもちろん、今はコロナで難しい側面もあるとはいえ、リアルに顔を合わせるイベントも定期的に開いたほうがいい。

◘インタビューでは聞き出せない「本音」を引き出すコツ

その際、本音を引き出すにはコツがある。それは、「インタビュー」ではなく、あくまで「お茶会」のような形を取ることだ。

お菓子や飲み物などを用意して、あくまで気取らない会話の場を設けるようにする。つまり、なるべく日常に近い形を取ることが重要だ。

日常の場で誰かから「○○○という商品についてどう思いますか?」などと聞かれることはない。その意味で、アンケートは決して日常にはなり得ない。

ただ、日常会話だからこそ、ほとんどが「無駄話」になる。それでも、9割の無駄話の中に1割のヒントがある。そのくらいの意識で臨むべきだし、その1割が大きいのだ。

ちなみに、顧客との「無駄話」は、実は無駄話ではない。

以前、富士ゼロックスで営業の研究をされている方から聞いた話だが、営業成績に決定的に影響を与えるものは、「顧客と無駄話ができるかどうか」だという。さらに具体的には、無駄話ができる関係になってくると、顧客の「ぼやき」が聞けるようになってくる。その「ぼやき」が重要なのだと言っていた。

「ぼやき」とは、いわば「本音」であり、まだ顧客自身にも明確になっていない「抱えている問題」。そこを聞き取って、その問題解決提案を先んじて行う。もちろん、営業活動なので、自社の商品やサービスを使ってのソリューション提案だ。

彼の研究によると、その差は受注金額の大きさと粗利率の高さになって表れるとのことだ。

常に顧客の「本音」を引き出すこと。引き出せる環境を作ること。とても重要なことだろう。

◘顧客への投資は、研究開発よりも確実!?

ここでハードルになりやすいのは、「社内」の説得だ。日々のコミュニケーションのためには人手がいるし、会合を開くならそのための場所も必要になる。しかも、交わされるのは「無意味な会話が9割」である。そこに人員とお金を割けるかという話である。

ある企業の例だが、その会社では顧客をよく知るために、幹部・役員が全国を回って顧客とお茶会を開くという施策を行っていた。私も素晴らしい取り組みだと評価していたのだが、2年後くらいに再会すると、「経費がかかるのでやめました」との話を聞かされた。

これもまた「シミュレーション限界」である。多くの人には、顧客と密なコミュニケーションを取ることが、数年後に利益をもたらすという仕組みが理解できない。そして、真っ先にコストカットの対象となってしまう。とても残念なことだ。

顧客への投資は、工場への投資と一緒だ。成果が出るのは数年後かもしれないが、今のうちに投資しておかないと、数年後の売上も利益も得られない。なのに工場には投資できても、顧客には投資できない。不思議な話である。

その要因の一つは、工場はどのくらいのコストをかければいつ、どのくらいの製品ができるというシミュレーションが立てやすいのに対して、顧客への投資は売上にどのくらい貢献したかが見えにくいということもあるだろう。ただ現在、こういうこともシミュレーション可能になっている。つまり、数値化しようと思ったらできるのだ。

しかも、やれば必ず利益につながる施策である。たとえば研究開発にかける費用は、もちろん重要な投資ではあるが、確実に利益につながるとは限らない。それに比べれば、顧客への投資が還ってくる確率は圧倒的に高い。

会社として顧客への投資をどう理解するか。そして、トップがそれをどこまで覚悟を持って推進できるかがカギになる。

◻ 商品が売れた原因は、それこそ無数にある

そもそも、商品開発のプロセス自体を変えなくてはならない時代が来ているのだと思う。

かつての商品開発のセオリーは、いろいろなデータを見て「こんな商品が売れるのではないか」と仮説を立て、市場調査やモニターアンケートでその仮説を検証し、行けそうだと判断したらＧＯ、というものだった。

しかし昨今は、このプロセスで売れる商品を作るのが極めて難しくなっている。その理由は、結果と原因の組み合わせが複雑化していることにある。

昔であれば「ガソリン代が高騰しているので、燃費を良くすれば売れる」「持ち運びた

いというニーズが高いから、軽くしたら売れる」というように、一つのシンプルな原因があり、そこをクリアする商品を作れば、実際に商品が売れた。

しかし、その要素が今は複雑化している。燃費の良さも大事だけれど、デザインも重要だし、乗り心地にもこだわる。一つの結果に対し複数の要因が影響を与えるようになっている。そのため、アンケートで「燃費の良さを重視する」人が一番多かったという結果が出たとしても、一番燃費のいい商品が売れるとは限らない。

特に不要不急のもの、つまり感性が入ってくるようなものとなると、なぜ売れたかの原因は数多く存在する。モニターにいくらアンケートを取ったところで、すべてを拾うのは難しい。

◘「つまみ食い」では成果が出ない

もし、ヒットした商品をまねしたいと考えたら、その原因をすべて割り出して、その通りに再現しなくてはならない。たとえば『鬼滅の刃』のヒットの要因は、魅力的なキャラクター、アマゾンプライムでの無料配信、他に封切られる映画がなく映画館で独占的に上映できたこと、各社とのユニークなコラボレーションなど数多くある。そのうち一つだけピックアップしてやったところで、同様のヒットは見込めない。

ただ、逆に言えば、すべてを再現できれば同じようにヒットする。それはさすがに無理でも、そのうち半分でも踏襲できれば、結果はそれなりに再現できる。しかも原因には強弱がある。特に結果に強い影響を与える原因を外さないようにすればいい。

実はこのことは、本書を読んでくださっている読者の方にもぜひお伝えしたいことだ。本書で紹介した事例を読んで、「じゃあうちも高級弁当をやろう」などと表面だけをまねしても成果は出ない。むしろ、「なぜこの店は高級弁当が爆発的に売れたのか」「なぜ、高級弁当を行うことがさらなるファンダムにつながるのか」といったところを考え、その本質をまねしなくてはならない。その結果、自社では高級弁当ではなく、別の施策のほうがいいという結論に達するかもしれない。それでいいのだ。

「原因は一つではない」ということは、複雑化した世の中でモノを見る際に必ず持っておいてもらいたい視点である。

第4章

感性と価値で創られる市場とは

4・1 コロナ禍は「自分たちの提供価値は何か」を見直す絶好の機会

■フローが途切れたときこそ、「自分たちの提供価値」を見直すチャンス

フロー型ではなくストック型に自社のビジネスをシフトしていくにあたって、必然的にすべきことがある。それは、「自分たちの提供すべき価値は何か」ということと、「自分たちの顧客は誰か」を明確にすることだ。

第1章で述べたように、これからの時代は「心が豊かになる」か「コスパがいい」かのどちらかの価値を提供している企業しか生き残ることはできない。しかし「コスパ」の道を選ぶためには、巨大な投資と労力を覚悟しなくてはならない。資金力のある大企業や最先端のＩＴ技術で勝負する企業以外、ほとんどの企業が選ぶべきは「心が豊かになる」ビジネスだろう。

では、どのように「心が豊かになる」ビジネスを展開すればいいかというと、そのためにはまず、「自社はどんな価値を提供して、どのように心豊かになってもらうか」を考える必要がある。また、「あらゆる人の心を豊かにする」のが難しい以上、自分たちが相手にすべき顧客は誰かを、ある程度絞り込むべきだろう。それに合わせて、商品やサービスそのものを見直してみる必要も出てくるかもしれない。

コロナ禍で「フロー」が途切れたことにより、「自分たちが本当に提供すべき価値は何か」「自分たちの本当の顧客は誰か」がより、見えやすくなっているという側面もある。ぜひ、この機に原点に立ち返り、自らのビジネスを見直してみていただきたい。

◘消えた観光客。そして見えてきた「本当の顧客」

コロナ禍によって改めて、「自分たちの提供すべき価値は何か」を問い直す必要に迫られ、今懸命に改革を行っている企業がある。前にも取り上げた「石舟庵」である。

先に、同社が5月中旬から各店の営業を順次再開したとき、店によって売上の回復に大きな差があったことをお話しした。その違いは、フロー型の店かストック型の店かの違いにあった。さらに興味深いことは、この2種類の店では、売れるものも異なることが明確になったことである。

以前は、ストック型の店にも多くのフロー客が来ていたため、その違いはあまり浮き彫りにならなかった。しかし、ストック型の店では、フロー客が消滅し、ストック顧客だけが残った。そうしたところ、まるで池の水を抜いたら底からそれまで見えていなかったものが見えてきたように、ストック顧客が買うものが浮き彫りになってきたのだ。

それは、創業当時から売り続けている定番商品、あんこが自慢の「塩豆大福」だった。

石舟庵のルーツは、戦後まもなく創業された小さな観光土産の卸菓子製造会社。その後昭和59年に、それまでに培った和菓子製造技術と知識をもとに立ち上げられたのが和菓子店・石舟庵。その頃から作り続け、売り続けているのが、「塩豆大福」だ。その後、伊豆への観光客の増加とともに売上は拡大、それに伴い商品ラインアップも増え、伊豆の柑橘を使用したチーズタルトなども今はある。

もちろんそれらも良い商品だし、コロナ以前の売れ筋でもあった。しかし、長年同社を支えてくれていたのは「塩豆大福」であり、それを買い続けてくれている地元の顧客、そう、石舟庵のファンだったのだ。

社長の高木氏は反省を込めて「本当の顧客にまったく目がいっていなかった」と語る。
そこで、店舗を再開した6月、当初「初夏のスイーツフェア」を行おうとしていたところを、再開後の顧客の声をもとに急遽「あんこフェア」に変更。創業以来こだわり続けている自社のあんこの価値を再度語り直し、それを支持し続けてくれていたファンに向けアプローチしたところ大好評。ストック型の店では全体で前年比１５４％、中には前年比１８０％になった店もあった。

まさにコロナ禍によって「自分たちの提供する価値」と「本当の顧客」が改めて明確になったのだが、実際、歴史ある企業を支えているのはこうした長年のファンであることが多い。それに気づくことができたという意味では、コロナショックは絶好の機会だったと言っていい。

もちろん、そのベースには石舟庵が長年、地元の人に愛される品質の高い和菓子を作り続けてきたという実績があるのは、言うまでもない。

我々は一見、派手なお客さんや新しいお客さんばかりに目を奪われてしまう。しかし、本当にそれは「我々が一生付き合っていきたい顧客なのか」をしっかりと見直す必要がある。

そして、その見直しと同時に明らかにせざるを得ないものは、自分たちはその顧客に、何を通じて、どんな価値が提供できるのかということなのである。

◘割烹やレストランが行った「価値のパッケージ化」とは？

自分たちの顧客に対する提供価値のことを、マーケティング用語で「カスタマー・バリュー・プロポジション」(Customer value proposition)という。これは近年、多くの企業で重視されているテーマだ。ここがあいまいでは、顧客に対して価値を提供できているのかどうかもあいまいになってしまう。


ここで勘違いしてほしくないのは、「自分たちの提供する価値とは何かを明確化すること」とは単に、「どんなモノを作るか」「どんなモノを売るか」ではない、ということだ。

前述したように、今の顧客が求めているのはモノではなく「その先にある価値」であり、その本質は「心の豊かさ」だ。提供しているのはモノだとしても、その価値はそのモノを使うことによって得られる幸福感だったり、そのサービスを利用することによって生まれた時間だったりする。

たとえば、「ハーレーダビッドソン」のバイクを購入する人は、移動するという機能を欲しているのではないことは、先に述べた。あるいは高級トースターを買う人は、パンを焼くという機能ではなく、おいしいパン（それを焼くプロセスも含む）によって得られる豊かな食卓の時間を得るために高級トースターを買っている。

同様に、「そのモノやサービスを提供することで、顧客にどんな価値を提供できるか」を、今一度考え直し、具現化すべきなのだ。

これについても一つ、事例を紹介したい。「価値のパッケージ化」という取り組みだ。

岐阜県にある割烹料理店「千杓」では、コロナで通常営業ができない中、店自慢の鰻料理を真空パックにしてテイクアウトと通販で売っていた。当初は真空パックにたれなど一般的なものだけを同封しており、お客さんには十分満足いただいていたのだが、女将の長縄利佳子氏らは何か足りないと感じていた。

この「足りない」感覚は、「自分たちの提供する価値は何か」の問いに通ずる。そこを改めて考えると、自店は料理を提供するだけでなく「心の豊かさ」を売る店。テイクアウトでも顧客の「心豊かな食卓」を提供する必要がある。それこそが、自分たちが提供すべき価値だと考えた。では、どうしたらその価値を具現化できるか。

そこで行ったことは、「笹」の同封だ。笹とは、普段お店で焼き物を出すときに盛り付けにあしらわれている熊笹。それにさらに店主手書きのメッセージなどを同封するようにしたところ、お客さんに大絶賛された。こういう取り組みを私たちは「価値のパッケージ化」と呼んでいる。

さらに、千葉県にあるイタリアンレストラン「ペッシェ アズーロ」。店主の池田征弘氏は、コロナ対策の一つとして、顧客向けにテイクアウトの弁当を作り販売していた。そこに先の千杓の取り組みを知り、彼も同様に考えた。

そこで行ったのは、弁当に手書きのメニューを付けるとともに、フィレンツェの風景が描かれた特製ランチョンマットを同封。フォークやナイフ、エプロンも用意し、弁当もイタリアを思わせる色合いの巻紙で包むなど、「家でも仕事場のデスクでも会議室でも、イタリアンレストランが思い出せるように」にこだわった。

こうしてリニューアルされた「イタリアン伊勢海老弁当」はやはり大絶賛だったのだ

が、それだけではない効果があった。このセットを頼んだお客さんが、再びお店にも来店してくれるようになったのだ。コロナが怖くて行けなかったのだが、このセットで店の雰囲気を思い出し、いてもたってもいられなくなったというのである。

まさに「価値のパッケージ化」を通じて「自分たちの提供する価値」が伝わった、何よりの証拠だろう。

□今こそむしろ「実店舗」に回帰せよ

世の中に逆行するようなことを言うが、私は飲食・小売・サービス業は今こそ「実店舗を充実させるべき」だと考える。いくら宅配や通販に頼ったところで、そこで提供できる価値は限られているし、結局は「日銭を稼ぐ」だけになりかねない。

実店舗を充実させたうえで、席数の減少や、時に営業時間の短縮・自粛などで採算が取れなくなった分を、顧客リストを活用した宅配などの施策で利益を補填する。そして、顧客リストを温めることで、再度、店舗に来てもらう。こうして売上を作っていくという発想をしてほしい。

「実店舗を充実させる」といっても、改装をしなければならないとか、ディズニーランドのようなしつらえがいるというわけではない。

先にご紹介した「シルク」では、店内でかける音楽や照明も日によって変えているというが、そういう配慮も「実店舗の充実」だ。「炭棟梁」では、たとえば店内に「常連の塩」というものがあり、そこにはハンバーグに合う数種類の塩が用意されている。それを使えばハンバーグの味わいが変わり、深まり、利用客にとっては興味津々。しかしそれは、2回目以降の来店客しか使えない。そういう遊び心満載なところも炭棟梁の魅力だが、こういったものもまた「実店舗の充実」だ。

改めて言うが、今こそ、実店舗だからこそ提供できる価値を考え、それを磨くべきだろう。コロナ禍が永遠に続くわけではないのだ。

実はこのコロナ禍の中、炭棟梁は、新店舗を作り、移転した。流行っているから店を大きくし席数を増やしたのではない。むしろ席数は若干減り、ここでは詳細は省くが、代わりに顧客にとってはさまざまな新しい「楽しさ」が増えた。

まさに、先が見えているからこその行動だろう。

■「ラストワンマイル」を誰と組むか

「宅配」の話題が出たので、一つだけ付け加えておきたいことがある。それは、もし宅配ビジネスをやるのだったら、「ラストワンマイルにこだわれ」ということである。

店舗が大事だとはいえ、この時代にはやはり、宅配のニーズが高まるのは必然だ。だが、先ほどのような「価値のパッケージ化」を目指すにあたっては、ウーバーイーツなどの業者を使うのはリスクになる可能性もある。顧客リストが取れないということもあるが、それよりもせっかく緻密に設計して「価値のパッケージ化」をしたとしても、それを運んでくるのがたまたま荒っぽいドライバーにあたってしまったら、価値の連鎖がそこで途切れてしまうからだ。

そのため、会員の中にはわざわざ自分で宅配までやっている人もいる。ただ、それではやはり限界がある。そこでぜひ考えてみてほしいのが、「ラストワンマイルの提携」だ。

世の中には大手の宅配業者などとは別に、ラストワンマイルの機能を持つ会社がいろいろとある。たとえば新聞販売店や牛乳販売店、水の定期配達やヤクルトの配達などがそれにあたる。定期的に顧客の家の清掃を行うダスキンのような事業者なども、そこに含めていいかもしれない。

もし、そうした事業者の中に、自分たちの価値をしっかりと伝えてくれるような信頼できる会社があれば、彼らと組んでデリバリーを行うのだ。そうすることで、価値の連鎖を途切れさせることなく顧客に届けることができるかもしれない。

こうしたコラボ相手を探すにあたっては、「感性が合うかどうか」で決めることが重要だろう。「話が合う」という言い方でもいい。

私の会では同じような価値観を持つ会員さん同士でコラボをする場合、しばしばこういうことが起こる。ある商品を開発し、届ける際、「こんな衣装を着て届けてほしい」と言うと、「うん、だよね」とすぐに話が通じるのだ。たとえばクリスマスにモノを届けるなら「サンタのコスチュームで行こう」となる。

これが価値観が通じない相手だと、「え、別に服なんてどうでもいいじゃん」となる。そうなると、なぜそれが大事なのかを一から説明しなくてはならなくなる。

これは、いわば小さなサプライチェーンとも言えるが、「心の豊かさ」を売るなら、ここが大事。感性が合う人同士、企業同士のコラボにより、サプライチェーン全体がファンダムになるのである。

感性で市場は創造される

世は感性でつながる時代になっている。

店と顧客、関係者と顧客、顧客と顧客、関係者と関係者、それらをつなげるものは「感性」だ。

ここでもう一度、「炭棟梁」の話をしよう。

同店は昨年、店主・森下氏が「目標」としていた、会員数1万人を超えた。そこに到達したら、彼にはやってみたいことがあった。それは、会員だけを集めた、会員だけの営業日だ。その日は会員しか入店できない。

この日はチケット購入制。朝8時から発売すると、6時台から並び、チケットを死守する強者も。そうして9時前にはチケットは「ＳＯＬＤ　ＯＵＴ」。森下氏はこれがやりたくて、わざわざ本格的なコンサートチケットのような入場券を作ったとのこと。

営業が始まると、今度はこの日だけの特別な出し物が続く。ハンバーグの前説や後説、いつもは真面目なスタッフのおちゃらけたパフォーマンス、顧客内ではよく知られた著名顧客の登場、食材の生産者さんのインタビュー、新メニューのオークション、等々……。

顧客同士の笑いはじける中、森下氏は、「生きててよかった」と思える時間だったと語る。

大事なことなのでここで強調しておくと、この熱いファンたちには、会員であることの金銭的特典は一切ない。彼らは囲い込まれているわけではないのだ。彼らはここにいたいから、いる。彼らは感性でつながっている。

そして生産者さんたちもまた、同じ。価値を追求する森下氏に、彼らもつながっていく。彼らもまた、どうせなら喜ばれたい。こんなお客さんに食べてもらいたい。ともに価値を創っていきたいのだ。

そうして育まれるファンダムに、この店ならではの提供価値をまた新しい形――新メニユーや、顧客が思ってもみないような新サービスなど——にして投げ込んでみるとどうなるだろうか。たちまち「売れる」ことにならないだろうか。

もちろん店や生産者も、投げ込むだけでなく、よってたかってその価値を語る。顧客らはまたその思い、こだわり、物語に酔いしれる。

そうして「市場」は創造される。

「市場」とは、まるで元からあったもののようによく語られるが、その本質は、こういうものだ。誰かが「価値」を具現化し、世に送り出す。受け手の感性と響きあって「買う」という行動が生まれる。そこに生み出されたものが「市場」だ。

そしてこれから「市場」はいっそう、感性のつながりの中、生み出されていくのである。

4・2

ミッション探しとビジネスは同時並行で

まずは始める。ミッションはお客さんが教えてくれる

ビジネスにおいて、「自分の提供価値を考える」という話をすると、よく返される言葉がある。「自分が人にどんな価値を与えられるのか、今一つわからない」というものだ。これによく似た悩みに、「自分のミッションが定まらないから、ビジネスも定まらない」というものもある。

ただ、厳しい言葉を使ってしまうと、これは「仕事とは何かをわかっていない」と同義だ。結局、仕事は相手があってこそ成り立つものだ。いくら自分が「これこそが自分のミッションだ」と思っていても、それがお客さんに評価されなければ価値はないし、ビジネスも成り立たない。

ビジネスとは、「自分のミッションとは何か」という創造活動と、日々の商売によって売上を上げていくという問題解決活動を同時並行で進めていくべきものである。そしてミッションとは、自分が顧客に価値を提供しているうちに、「あ、自分のこういう部分が評価されるのか」と気づいていく中で見つかっていくものだ。それはどんな小さなサービスでも、何億円、何百億円というビジネスでも同じだ。

さらに言えば、そうして決まったミッションも不変というわけではない。私はよく「ミッションは毎朝変わっていい」と言っている。ある日、目が覚めた瞬間、「これが自分のミッションなんだ！」と天啓が下りてきたとしても、翌日、別の天啓が下りてくるかもしれない。それで全然問題ない。

つまり、とっとと始めろという話なのだ。

成果を出す会員企業を見ていると、いつも立ち止まっていないと感じる。成果は常に出し続けているのだが、やっていることは驚くほど変わっていたりする。しかし、その都度その都度顧客に支持されているから、売上は常にあり続けている。

ナチスの強制収容所での体験を語った『夜と霧』で知られるヴィクトール・フランクル

博士の言葉に、こんなものがある。

「人生においてミッションとは作るものではなく、発見するものである」

仕事とミッションの関係も、まさにこの言葉に尽きるだろう。

□アートとは何か――ビジネスもまた「芸術作品」になり得る

私は「心の豊かさ」を提供するビジネスは、ある意味「アート」であると考えている。

最近、「アート」がちょっとしたブームになっている。実は私も大学で「美学」を学んでいたため、この分野には大いに関心を持っているのだが、世間的に言われている「アートの重要性」とは、教養を身につけることの延長線レベルでしかないように思われてならない。アートとはもっと複雑で、パワフルなものだ。

「アートとは何か」と聞かれたとき、私はいつも、「人にエネルギーを与えるもの」と答えている。本当に素晴らしいアートを見ると、それが数百年前に作られたものであっても、人はそこから大いなるエネルギーを得る。それこそがアートの持つパワーだ。

よく、「ＡＩ対人間」という議論になったとき、ＡＩが最後まで作り出せないのはアートだ、という話になるが、確かにその通りだと思う。人にエネルギーを与えるという役割は、おそらく最後まで人間に残されるフロンティアだろう。

ＡＩが「おもてなし」を学んだら、一流の接客を身につけている人と同じような言葉を発し、表面的には気の利いた対応ができるようになるかもしれない。でも、その裏にある質、パターンランゲージの創始者であるクリストファー・アレグザンダーが「名づけ得ぬ質」と呼んだようなものは、そう簡単には作り出せない。

人にエネルギーを与えるビジネスもまた、唯一無二のアートである。たとえば、「来店すると決めたらワクワクして仕方がなかった」と顧客が評する新潟の「エスマート」は、紛れもなくアートである。田園地帯のたった45坪の店内が、まさにアート作品なのだ。

◘「まね」ないで「まねぶ」

アートとはその人の作り出したオリジナルなものだけが評価される。ゴッホやフェルメールの絵のレプリカは部屋のちょっとした飾りにはなっても、本物のような価値を持つことは決してない。

これはつまり、エスマートの店内を視察して、まったく同じような品揃えをしても意味がないということでもある。アートを模写してもアートにはならないのだ。

ただし、絵画の習得において最初は模写から始めるように、まずは人のまねから入ってもいいし、それはとても効果的なことである。私の会ではそれを「まねぶ」と呼んでいる。特に今のように業績が悪い時代は、わらにもすがる思いで成功事例を「まねぶ」のは決して悪いことではない。

それを進めているうちに、徐々に自分のアートになっていく。問題解決と創造活動を両輪で回していくというのは、そういうことだ。

◘売れ続ける店の二つの特徴――ブーム型は燃え尽きる

以前、楽天大学学長の仲山進也氏と対談をしたことがあるが、そのとき、面白い話を聞いた。仲山氏は楽天の創業直後からのメンバーであり、ＥＣビジネスを知り尽くしている人物だが、氏によれば、楽天市場で長年にわたって高い売上を維持し続ける店には2種類あるという。一つは私の言葉で言うところの「ワクワク系」、そしてもう一つが「ブーム型」だという。

ブーム型というのは、今後売れるものを敏感に察知する天賦《てんぷ》の才を持つ人のことを指す。世の中の流れを読み、ブームになる前にその商品を仕入れ、ブームの波に乗って高いときに売る。後追いの販売者が増え、価格競争が激化する頃にはもう新しい商品を手がけている。これは「ワクワク系」とは対極にあるが、商売としてはもちろんありだし、むしろ「安く買って高く売る」というのは、商いの本質でもある。

一方で、ワクワク系、つまり自分たちの提供する価値を明確にし、ファンを大事にする商いを行っている店も、トップに名を連ねているのだという。どちらがいい、悪いではなく、「自分はどちらで勝負するのか」を明確にしないことには生き残れないということの表れだろう。

ただし、仲山氏が言うには、「ブーム型は燃え尽きてしまう人も多い」そうだ。そして、十分儲かったからと途中でリタイアしてしまう。何があたるかを常に探し続ける日々は、想像以上に過酷なようだ。

一方、ワクワク系はそもそも、自分がやりたいように、愉しいようにやっているのだから、燃え尽きるということがない。

「自分のアートを作ってファンを作る」、簡単ではないが、それが目指すべき道だ。

愉しいか／愉しくないいか、美しいか／美しくないか

私は自分のマーケティング理論と手法を「ワクワク系マーケティング」と呼称してきた。そのためによく「ワクワクすることをやる」、つまり「好きなことを仕事にすべきだ」という主張をしていると捉えられることがある。それは間違いとは言わないが、正確ではない。

やはりビジネスである以上、時にはやりたくないことをやらねばならないこともある。一方、創造活動のほうもいつも評価されるわけではなく、決して楽しいだけではない。

「好き」という言葉を使うなら、より正確には、「好きなことを織り込む」ということになるだろう。日々の活動の中に、自分が好きなことを少しでも織り込んでいく。いくら顧

客が求めていることでも、好きなことが織り込まれていなければ続けることは難しいからだ。

会員企業のエピソードとしてしばしば聞くのが、「せっかく売れている商品やサービスをやめてしまう」という事例だ。その理由も多くは、「好きなほうを取る」という選択をした結果である。中でも、ある商品が売れすぎたため、想定外の顧客、つまり自分たちと価値観を共有できない顧客が増えてしまったとき、「ちょっと違うかな」と方針転換を図る人が多い。

前述した名古屋のレストラン「ばんどう」が高級弁当をやめた理由は夏場に入っての食中毒の問題もあったが、そもそも、その前から「違和感」を感じていたのだという。本来、店に来てもらって楽しい時間を過ごしてもらうというのが我々の提供価値なのに、お弁当だけで前年比を上回ってしまった。これはどうも違うのではないか、と。

もちろん、ヒットすること自体は素晴らしい。でも、それに乗っかってしまって、本来自分たちがやろうとしていることから離れていってしまうようでは、本末転倒である。

アートとしてのビジネスでは、判断基準は「儲かるか／儲からないか」ではない。「好きか／好きじゃないか」、「愉しいか／愉しくないか」、「美しいか／美しくないか」、そういう基準である。

あなたのアートはすでにある

ビジネスはアートだ——そういう言い方をすると、ピンとくる方もいれば、ファンダムに対するキングラン東海・原田氏の当初の感覚のように、どうも自分のビジネスにあてはまらない感覚になる方もいるだろう。

しかし、お伝えしておきたい。あなたのアートはすでにある。

キングラン東海を例に取れば、次のようなエピソードがある。顧客先の病室にカーテンを交換に行ったときのこと。交換中、患者さんのご家族に「どれぐらいの頻度で交換しているんですか？」と尋ねられ、「1年に1度です」と答えると、「ええ!? そんな稀な機会に私たち、いるんですね！」と驚かれた。そこで、「そうですね。今日はカーテンが1年で一番綺麗な日です」と返すと、彼女たちはこう言った。

「私たち、ラッキーですね！」

同社では、「病室・居室に花を咲かせようプロジェクト」としてホームページにこういう現場でのエピソードを多く記載しているが、その中にはこんな話もある。

こちらも病室でのカーテン交換作業中のこと。患者さんが「これってもしかして、カーテンのクリーニング？」と尋ねてきた。そこで、「そうです。クリーニング済みのカーテンの取りつけをさせていただいております」と答えると、その方はこう言った。

「私、実は1年前も入院していて、ちょうどカーテン交換の現場に遭遇したんです。そしたら、その日から体調が良くなって退院が早まったんです。今日もカーテン交換だなんて……」

そこで、「きっと今回も早く良くなりますよ」と返すと、その方はこう言った。

「本当にラッキーです。私にとってのおまじないです！」

アートが「人にエネルギーを与えるもの」という私の定義に立てば、このときこの病室には確かにアートがあった。

あなたのビジネスの中にも、すでにアートはあるのである。

第5章

組織を変える、自分を変える

5・1

ガチガチに硬直化した「人と組織」を変える

変革の三段階――ポイントは「解凍」にあり

「顧客消滅」時代のマーケティング――すなわち、フローではなくストックを意識し、「心が豊かになる」商品・サービスを提供し、お客さんを「顧客化」し、ファンダムを育てていく――のためには、これまでの仕事のやり方を抜本的に変える必要がある。

だが、ここまで何度か触れてきたように、それを妨げるのは意外と社内だ。それは、今までのビジネスの常識とはかけ離れた活動を余儀なくされるから。企業が大きくなればなるほど、抵抗は激しくなる。

こうした「守旧派」は、「変化の激しい時代だからこそ、今変化するのは得策ではない」と言うかもしれないが、それは逆だ。現在は、「生き残るために変化しなくてはならない」。

では、どのように人を動かし、「顧客消滅時代のマーケティング」を実践していくのか。この章ではそのための方法論について、お話ししていきたい。

ここである研究を紹介したい。心理学者クルト・レヴィンによる「変革の三段階」と呼ばれるものだ。

その研究によると、何かを自分の中にインストールする際には、まずは、自分の中にある従来の常識や思い込みを溶かす、つまり「解凍」しなくてはならないという。それはそうだ。コチコチに固まったところにくぎを刺そうとしても跳ね返されてしまう。だからこそまず、従来の常識や思い込みを解凍する。そして、そのあとに新しい考え方ややり方を学習する。これが変革の二段階目。そして、三段階目は「再凍結」だ。学習した新しい考え方ややり方を、定着させ、習慣化していく。

この「解凍」「変革」「再凍結」のプロセスを経てこそ、人は変わることができる。それが「変革の三段階」として提唱されているものだ。

この理論を初めて聞いたとき、私は深く腹落ちした。ワクワク系マーケティング実践会の会員には熱心な方が多いのだが、にもかかわらず、学んだことの実践をなかなか始められない方もいらっしゃる。そう、もしかしたら彼らは、ワクワク系に関心を持ち、肯定的に捉え、頭では学び、始めようと思っているのだが、当初はまだ「解凍」の過程にあるのではないだろうか。

新しいことを学び、始めるとき、さっさと「自己解凍」してどんどん始められる人は極めて少ない。私の肌感覚としては、全体の3％くらいだろうか。

では、どのように彼らを「解凍」させ、第二段階へスムーズに移行させるのか。そこにはある「手助け」が要る。

「なかなか動けない人」を動かす、とっておきの方法とは？

手助け――それは「仲間の存在」だ。

具体的には、まずは「事例」。仲間が生み出した事例をとにかく見聞きしてもらう。そして、すでに実践している人がいる場（オンラインも含む）を用意し、その場に「いてもらう」。その場ではことさらに発言などしてもらう必要もない。ただ「いてもらう」だけでいい。

これを私たちは「つかる」と呼ぶ。まさに温泉のように「つかる」。これはまさに、ワクワク系マーケティング実践会がずっと行ってきたことでもある。

私は今、慶應義塾大学の井庭崇教授と、人の創造的な学びと実践について共同研究しているが、この「つかる」という概念は、教授の研究知見――ラーニング・パターン――からいただいたものだ。私の会では共通概念・言語として、すっかり定着している。

私の会に集う方は、世間的には前向きで、かつイノベイティブな人が多い。どこからどう取り組みを始めればいいかという具体的なガイドもあり、さまざまな実践手法も説かれているが、それでもまだ、スムーズに行動を起こせない人はいる。

だが、そんな人も、事例をとにかく見聞きして「つかる」ことにより、動き始める。それは単に「事例が参考となる」以上の意味がある。自然と動けてくるのだ。

さらにパワフルなのは、すでに実践をしている人とリアルに会うことだ。彼らがいる場に「つかる」こと、そうして彼らと接する中で、自然と新しい物事の見方、考え方、実践の思考などが入ってくる。次第に「自分もこんなふうになりたい」と思い、自己解凍が進んでいく。少なからぬ方は、「あのすごい成果を出している人が、会ってみると普通の人なんだな」とも思うらしい。すると、「なら、自分でもできるのではないか」という気もしてくるのだそうだが、それも自己解凍の一助となっているだろう。

仲間が、手取り足取り手伝ってくれるということではない。ただ、そこにいるだけで、リアルに接するだけで自己解凍が進み、学びと実践の段階に入れる。だからこそ「仲間がいる場」は重要であり、私もそういう場を強く意識して作ってきたのである。

◘組織をスムーズに「解凍」するには

この「解凍」の問題は、組織にもある。いや、組織にこそある。

私の会にも、組織をお持ちの経営者は多く、そこで少なからず聞かれる声は「新しい考え方・やり方が、なかなか社内に浸透していかない」というものだ。

また当会には、企業に勤める方が個人の資格で会員となり、なんとか自社全体で実践していこうとしている方もいるが、悩みは同じ。ご自身が経営者ではない分、実践での手かせ足かせも多く、悩みは尽きない。

ここでもカギとなるのは第一段階、「解凍」である。

組織風土改革の専門家集団スコラ・コンサルトの内田拓氏は、この解凍の過程を大切にしていると語る。同社は「オフサイトミーティング」（まじめな雑談コミュニケーション）という手法を提唱し、組織風土改革に効果的に活用しているが、当初の段階でのオフサイトミーティングが、まさに「解凍」を促進するカギとなる。さらに具体的に言えば、その段階のオフサイトミーティングでまず出てくるのが「愚痴と不安」だそうだ。内田氏いわく、とにかくその愚痴と不安を徹底的に聞く。出尽くすまで。そうすると、思考が新しいことの学びと実践に向いていくというのである。

ここではまさに「解凍」が起こっていると考えられる。

先ほども言ったが、さっさと「自己解凍」してどんどん始められる人は全体の約３％。１００人の組織なら３人いるかいないかだ。人や組織が変わるには、この第一段階がカギになると言えるだろう。

◻ 人を変える話し方、その重要なポイントとは？

人を変えるには、「伝え方」も重要だ。

たとえばリーダーが「今後はこうするぞ」と言うだけで、全員その通りに動いてくれるのなら世話はない。しかし実際には、人はなかなか動かないし、変わらない。でも、これは相手にやる気がないからではない。伝え方が悪いのだ。

ポイントはいくつかあるが、まず、重要なのは「何をやるのか」だけを話さない、ということだろう。人は、なぜ自分がそれをやるのかがわからないと、決して動こうとしない。つまり「なぜ」が重要なのだ。「なぜやるのか」を丁寧に、しっかりと伝える。さらには一度で伝わると思わないほうがいい。何度も、繰り返し伝える。

そしてもう一つは「始め方」だ。人は、やるべきとはわかっていても、最初の一歩がわからなければなかなか動けない。

行動科学では「行動のレパートリー」という言葉を使うが、初めてやることになかなか踏み出せないのは、このレパートリーが少ない、またはまったくないからなのだ。演歌を歌ったことがない人にいきなりカラオケで、「なんでもいいから演歌を歌ってみろ」と言っても、どうしていいかわからないのと同じである。

「じゃあ、最初は『北国の春』あたりから始めてみれば」と誰かがアドバイスし、音源を聴かせてあげれば、とりあえず第一歩は踏み出せる。そして「では、次は『津軽海峡冬景色』をいってみようか」と順を追って教えているうちに、自分でも「これを歌ってみようか」となる。

ただこれは、ずっと手取り足取り教えろということではない。最初は「こうしたら」と促すが、途中からは自分自身で動けるようにしなくてはならない。３歩目くらいまでは示しても、そのあとは自分で動くように仕向ける。そこが重要だ。

◘社内でも「ファンダム」を作るという意識を

自分の属する組織が大きければ大きいほど、変革は難しくなる。では、どうするか。私はここでも「ファンダム」の発想が重要だと考える。

たとえば社内の経営陣や上司、部下や後輩を顧客だと考え、そこでファンダムを作っていくと考えてはどうだろうか。そして、どうやったらその人たちに価値を伝えられるかを考えていく。

ちなみにこれは、松下幸之助翁が「社員稼業」という言葉で表しているものと極めて近い。松下翁は、社員とは「社員という独立した事業を営む経営者であり、社員稼業の店主である」と表現した。そう考えれば、自社の価値を取引先である上司や部下にどう伝えるかを考えるようになる。

本書を読んで「これからのマーケティングはこれだ」と思ってくれたとして、それでも会社や上司が動かない場合、「だからうちの会社は」で止まってしまってはもったいない。会社や上司も顧客だと考えて、「どうしたら価値を認めてくれるか」を考えてほしいし、そのためのせっかくの機会だと考えてほしい。そこが重要なのである。

ただ、それでも全員が変わるのは、正直難しいだろう。組織というものはどんなに頑張ったところで、1割から2割は変わらない人が出てくるものだ。

だからこそ、個人を見ないようにすることが大事だ。組織全体が底上げされればそれでいいと考える。個人を見ると「あいつは今日もまったく変わっていないな」となるが、全体を見て「多くの人が動き始めている」なら、それでよしとする。

そして実際に人間集団というものは、およそ２割が変われば全体が大きく、急激に変わり始めることが、さまざまな研究によってわかっている。そして、組織が生み出す成果も急激に増えていく。ここが決定的な分かれ道だ。

組織育成の上手なある社長に「組織を率いるための最大の極意は何か」と聞いたところ、「我慢ですね」という答えが返ってきたが、まさにその通りだ。なかなか変わらないことにイライラもし、細かく指示したくもなるだろうけれど、ぐっと我慢する。

コロナ禍で、少し先すら見えない時代、なかなか長期を見据えて我慢するのは簡単ではないだろう。それでも我慢する。そうすればその先に２割の分かれ道が来る。そこから先は集団の力学によって、勝手に変革が進んでいくのである。

5・2

自分の価値を高めるために

自分を変えるためにも「場」につかれ

「なかなか変われない」のは、個人もまた同じである。本書を読んで、「これこそが進むべき道だ」と思ってくれたとして、そのまま行動を起こせなくては何も始まらない。そこで、ここからは自分自身を「自己解凍」し、「変革」する方法について述べていきたい。

その方法の一つが、先ほども述べた「場につかる」というものだ。

先ほどの話を主語を変えて繰り返すが、まずは「事例」。仲間が生み出した事例をとにかく見聞きする。そして、すでに実践している人がいる場（オンラインも含む）に行き、その場に「いる」。ただ「いる」だけでいい。

「場の力」は、あなたが思っているよりもずっとパワフルだ。人は自分が意識しているよりはるかに強く場の影響を受ける。ゆえに、特に実践している人がいる場に「つかる」と、周りで当たり前のように話されている新しい物事の見方、考え方、実践の思考などが入ってくる。それがあなたを自然に変えてくれる力となる。

また先ほど言った、「自分もこんなふうになりたい」と思えることとは、自分がなりたい姿のロールモデルを見つけることでもある。人は「なりたい姿」が明確になってくると、自然とそれになるべく行動が向かう。それもまたあなたの力となる。

さらに仲間の存在は、特にコロナ禍のような不安な時代には極めて有効だ。先行きが不透明な中では、やはり人間はどうしても暗くなってしまいがちだ。しかし仲間が集う場が常に活気にあふれ明るければ、やはり良い影響を受ける。良い方向に引っ張られる。だからこそこの時代、良い場とつながることが重要なのだ。

わかりやすい例を言えば、「ばんどう」の坂東氏。彼は、実は緊急事態宣言発出直後、数カ月先までの予約が一気にキャンセルでなくなったとき、かなり落ち込んでいたという。しかし、その時期から始まった私の会でのオンラインミーティングや、良い仲間とのオンライン会合を重ねるうちに再び心に火が灯ってきた。また、そこでいろいろなアイデアが交わされるうちに、高級弁当の通販へとつながっていったのだ。「あのとき、あのまま一人でいたらだめだったでしょう」と彼は言う。

つながる良い場を持つ。あるいは、社内や身近にそういう場を作る・見出す。それがあなたの気持ちを奮い立たせてくれるだけでなく、そこから生まれる「集団的知性」から、あなたはさまざまなヒントを得ることができるだろう。

◘「事例」はあなたの燃料となる

「集団的知性」とは文字通り集団から生み出されてくる知性のことだ。「その集団には『集団的知性』がありますね」というとき、それには必要な要件がある。

1 その集団内に、いつもたくさんのアイデアが流れていること
2 その集団内で、いつもそのアイデアが検証され、検討され、コンセンサスが得られていること
3 流れているアイデアに多様性があること

以上の三つだ。これは、マサチューセッツ工科大学（ＭＩＴ）アレックス・ペントラン

ド教授の論を踏まえている。

そしてまさに、ここでいう「アイデア」がもう少し具体的になり、ナラティブになったものが「事例」だ。「事例」とは単なる「例」ではない。それは「アイデア」が具現化され、結果を出したものだ。つまり、事例を数多く知ることは、結果を生み出すアイデアを数多く知ることになる。それを自分でも使ってみて、結果を出しながら、時に試行錯誤を繰り返しながら、自分のレベルを上げていくのだ。

だからこそ、アイデアが多く流れている「集団的知性」のある場につながることは重要だ。

また、人は一人で考えられること、思いつくことには限りがある。ましてやVUCAの時代だ。昨年うまくいったアイデアが今年もうまくいくとは限らない。また、時にコロナのような緊急事態も起きる。

常に、集団的知性のある活発な場につながり、「事例」と接すること。それが、こういう時代に一人で苦しまないための、そして着実に自分の価値を上げていくための、とても重要なことである。

■「本物」の見抜き方

また、「本物」と接することも重要だ。その意味で昨今、多くの人がオンラインセミナーを始めているのは、チャンスである。

画面越しとはいえ、やはり「本物」と接することは重要であり、その中で「自己解凍」も行われるだろう。これはコロナ禍がもたらした数少ない、よい効果かもしれない。

ただし、そこで問われるのは「誰から学ぶか」ということである。その一番簡単な答えは「その人が何をやってきたか」を見ることだろう。

というと、「これだけの成功を収めた」「売上NO・1になった」といったような「過去の実績」だと思われそうだが、そうではない。もちろんそれも大事だが、むしろ重要なのは、どのような思いや考えを持って仕事と対峙してきたのかといった、ポリシーやビジョン、そしてそれに基づいて積み重ねているものだ。そういう軸があるからこそ、その人のプロフィールには厚みや重みが出る。そして、そういう人こそが本物に近い。

□本物ほど、その価値を伝えられていない!?

　実は、これは商品やサービスについても同様である。たとえば私の会の会員に、若い頃から石材加工技能を磨き、技能を競う全国大会で優勝、近年には黄綬褒章を授与されるなど、卓抜した技能を持つ石職人がいる。「谷本石材」の谷本雅一氏だ。彼の話を聞くと、彼の手になる墓石や石塔は、その技能を駆使し、極めて複雑で丁寧なプロセスで作られることがわかる。まさに、廉価な商品と比べて「厚み」が違うのだ。

　彼は今、自社のホームページでこうした価値をしっかりと発信し、全国の顧客から支持を集めている。

　だが残念なのは、こうした人はむしろ少数で、多くは埋もれてしまっていることだ。谷本氏自身、当初は今のような価値訴求はほとんどできていなかった。世の中には同等の「厚み」を持っているにもかかわらず、それを発信していない人があまりにも多い。むしろ「本物」である人ほど、本物を作るのに忙しくて、その価値を伝えるのがおろそかになっている傾向がある。その結果、人は宣伝が上手な会社のほうに走ってしまう。まったくもったいないことである。

一昔前の「ガンコ職人」の世界のような、「いいものを作っていればあとは世間が認めてくれる」というのは理想論ではあるけれど、これだけ商品も情報もあふれかえっている時代、現実にはなかなか難しい。ホームページ、SNS、パンフレット、なんでもいい。自分が扱っているものの「厚み」をしっかりと伝えられているか、自問するべきである。

自分自身も価値の高い人間になる

ちなみに、「顧客に価値を提供する」ためには、自分自身も価値の高い人間でいなくてはならない。常に新しいことを学び、どん欲に取り入れる姿勢を持つこと。それを忘れてしまっては、誰かに価値を提供することはできない。

ちなみに、「本を読む」というのは、自分の価値を高めるにあたって極めて有益な手段であると私は思う。

以前はネットもなかったため、情報を手に入れる手段が本しかなかった。新幹線に乗ると、ほとんどの人が本か雑誌か新聞を開いていたものだ。

しかし、ＩＴ環境が整った今、新幹線の中の人はスマホを見ているか寝ているかのどちらかだ。本を読む人は少なくなり、「時代遅れだ」などという話も聞く。

しかし、これは「価値」という意味ではむしろ、増していることになる。そもそも、およそ本というものは、ＳＮＳのようにただ書けばこの形になるのではない。著者をはじめとして多くの人が関わり、練り込まれ、ふるいにかけられた情報と知識だ。そして、それを読む人が少なければ少ないほど、希少性も出る。巷に流れているネットニュースについて話すより、本に載っている知る人ぞ知る話を話題にしたほうが、相手から一目置かれることにもなるだろう。

さらに言えば、必要なのは「行動」することだ。その意味では、本を買ったという時点ですでに行動を起こしたことになる。セミナーに申し込んだ時点で行動を起こしたことになる。

行動を起こせない自分を否定するのではなく、一歩でも行動できたら、それを肯定することが重要だろう。そして、それを認めて自分をねぎらってやることが大切だ。

□ 知識は「実践知」にしなくては意味がない

最後に言っておきたいのが、知識は知識で終わらせるのではなく「実践知」にしなくては意味がない、ということだ。知識として頭に入れるだけでなく、それを「使える知識」に昇華させなくてはならない。

たとえば、自転車がどんな理屈で動くかをいくら学んだところで、自転車に乗れるようにはならない。自転車に乗れるようになるには、何度も練習を繰り返し、時に転んだり失敗したりしながら、コツをつかんでいく必要がある。そうしているとある日、何も考えなくても乗れるようになるし、その後はずっと乗れるようになる。

ビジネスもこれと同じである。本書を読んで学んだことを知識のままにしていては、何も起こらない。トライアルアンドエラーを繰り返し、ぜひ「実践知」にまで昇華していっていただきたい。

5・3
磨くべき四つの感性とは？

ビジネスにおいて、なぜ「感性」が重要か

ビジネスが「人」によってなされるものである以上、そして、人々が「心の豊かさ」を求める以上、重要なのが「感性」だ。

「ビジネスに感性なんていうあいまいなものは必要ない」と思う人もいるかもしれない。だが、考えてみていただきたい。顧客はどのように商品を選んでいるのか。純粋にコスパだけで選ばれるものは別にして、やはり基本的には「気に入った」という感性で選んでいるはずだ。

また、そもそも「感性」とは、私が長らく理事を務める日本感性工学会流に言えば、「脳の高次機能」だ。単純に計り切れないあいまいなものや複雑なものを扱うところだ。

ならば「ＶＵＣＡの時代」、まさにビジネスをするすべての者にとって、感性をこそ鍛えねばなるまい。

今日のビジネスに必要な「感性」を鍛えるための視点として、私は次の四つの視点を大事にしている。それについてご説明したい。

□「部分ではなく、システム全体を見る」

私の書籍や、会員企業の実践事例を読んだ人が犯しがちな間違いがある。それは「システムの一部だけ見て、それをそのまままねてしまう」ということだ。

たとえば、ある店でＬＩＮＥを使ったマーケティングを行ったところ大反響だった、という事例があったとして、「そうか、ＬＩＮＥを使えばいいんだ！」と短絡的に考えてしまうのである。

それは「ファンダム」を作るための施策の一つに過ぎない。そのためのシステムの一部として「ＳＮＳを活用する」という手段が存在しているのであり、もし、その先にファンダムを作る他の施策や仕組みがなければ、いくらＳＮＳで反響を呼んでもビジネスにはならない。

このようにビジネスというものを「システム」だととらえて考えると、いろいろなものが見えてくるはずだ。

また、これは前述したが、ビジネスがシステムである以上、ある成功事例の成功の要因をすべてまねすることができれば、まったく同じ成果を出すことができる。『鬼滅の刃』の成功の要因をすべてまねすれば、同じようなヒットを作ることは可能だということだ。

現実的には、それは容易なことではない。しかし、そのうちの半分でも、あるいは一つでも二つでも踏襲すれば、それなりの結果が出るのも事実である。

世の中の成功事例に対して「うちとは規模が違うから」「業種が違うから」といって、最初から敬遠してしまうような人は多い。しかし、ビジネスはシステムだという発想のもと、全体を見るクセをつけておけば、あらゆる事例が学びの宝庫となるのである。

◻「因果全体を見る」

次に、「因果全体を見る」という感性だ。

人はどうしても「この原因でこの結果が起きた」と短絡的に考えがちだ。「価格が安かったから売れた」「デザインが優れていたから売れた」などである。しかし、前述したように、現代は原因と結果の関係が極めて複雑化している。たった一つの原因によって結果が決まるようなことはほぼない。「価格」や「デザイン」は原因の一つではあるかもしれないが、全部ではない。因果全体を見るとはそういうことだ。

以前、私のよく知る飲食店オーナーが、路地裏にオープンカウンタータイプの飲食店を開いた。すると、その店はすぐに大人気となり、店に入り切らないお客さんのために立ち飲みスペースを設けるなど、常に人があふれるような状態になった。

すると、数年して、周囲に同じようなオープンカウンターの店が次々に生まれたという。しかし、この店の人気の理由は決してそれだけではなく、他にもいろいろなことをやっていた。だからこそ、彼の店は繁盛し続けたが、他の店はすぐに閑古鳥《かんこどり》が鳴く状態になってしまった。「オープンカウンターだから人気が出る」と短絡的に考えてしまったところに問題があったのである。

商品開発でも同様だ。昨今のヒット商品は一つの要因ではなく、複雑に組み合わさった複数の「原因と結果」によってもたらされる。それがわからないと、その中の要素の一つだけをまねして終わり、ということになる。「『鬼滅の刃』がヒットしているから、我々も大正時代をテーマにしたコンテンツを作ろう」といった発想である。それで売れれば苦労はない。

逆に、「チラシを打ったけれど、反応が悪かった」ということで、「チラシは役に立たない」と決めつけるのもまた短絡的だ。チラシのメッセージが悪かったのかもしれないし、タイミングの問題だったかもしれない。あるいは、商品と地域性がずれていたのかもしれない。成功も失敗も、単純に一つの因果によって決まることはないのだ。

ここでお勧めしたいのは、因果の連鎖を紙に書き出してみることだ。

たとえばあなたがある店の店長だとしたら、一日の売上はどのような因果によって導き出されるかを書き出してみる。仮にそれが「客数」「客単価」「スタッフの接客レベル」に分解されるとしたら、今度は「客数」はどんな因果によって決まるかを書き出していく。それが「認知率」と「来店頻度」に分けられるとして、では、来店頻度はどのような因果によって決まるのか……。

そうやって考えていくことで、どんな要素が何に影響を与えているかが見えてくるはずだし、次に打つべき手も見えてくるはずだ。

◘「パターンをとらえてモデル化する」

三つめは「パターンをとらえてモデル化する」というものだ。

ある事象を見て、そこから普遍的なパターンを見出す能力、そしてそれを「モデル化」する能力である。この能力があれば、どんな経験も学びに変えることができる。

私が講演会をした際、それを聞いた人にしばしば言われるのが、「今日の話はとても面白かった。しかし、業種が違うからうちではできない」といった話だ。これがまさに「モデル化」ができていないということだ。どんな事例であっても、その奥にある普遍的な要素を抽出すれば、自社に応用できることが必ずあるはずなのである。

なぜかと言えば、結局、ビジネスで起きていることのほとんどは、「人の行動」によって生まれたものだからだ。だから大企業だろうと中小企業だろうと、たった数名の店だろうと、同じことが起こり得る。だからこそ、あらゆる事例が学びになる。

この能力を磨く方法として、「異常値を探す」というトレーニングがある。

たとえばあなたが十数店舗を統括するチェーン店のスーパーバイザーだったとする。各店舗の売上を見ていると、なぜかAという店でBという商品が他の店の倍近く売れている、とする。このような異常値を見つけたらチャンスである。そこには必ず、何らかの原因があるからだ。それを解明してモデル化して他の店に広めることで、全店舗の売上を伸ばすことができる。

「メタレベルとベタレベルを自由自在に行き来する」

最後は、「メタレベルとベタレベルを自由自在に行き来する」である。

メタとは「高次の」「超」という意味で、目の前で起こっていることを上から俯瞰するというイメージだ。一方、「ベタ」とはその反対。現場レベルの視点を指す。いわゆる「ベタなネタ」といったときに使われる「ベタ」である。

「メタレベルとベタレベル」とは、英語と日本語の混じった不思議な言葉だが、これは元九州大学教授の坂口光一氏の造語である。以前、私のことを「メタレベルとベタレベルを自由に行き来している方ですね」と評していただいたことがあり、なんて粋な言葉だろうと思い使わせてもらっている。

ある事象が目の前に現れたとき、まずはベタレベルでそれを観察し、次にメタレベルで俯瞰して見てみる。そして、さらにベタレベルに戻ってみる。こういうクセをつけられるといいだろう。

メタレベルとは、先ほど申し上げた「システム全体を見る」というのと近い。しかし、システム全体を設計したところで、何もしなければ成果が出るはずもない。そこで「ベタレベル」に下り、実践を行う。それはたとえば商品の価値を伝えるためのＰＲをすることだったり、顧客に対して何らかのアプローチをすることだったりする。

そして、その行動を行ったら、今度はそれを振り返る。よく「PDCA（plan,do,check,action）を回す」と言うが、私はここで「PDSAを回す」という言葉を使うことが多い。Sとはstudyのことで、C（チェック、検証）にとどまらず、それを次にどう生かすかの「学習」にあてるという意味である。

以上、四つの視点を日常で意識してみてほしい。それが、今日のビジネスで必要な感性を磨く近道になるはずである。

終章

「アフターコロナ時代」に必要なもの

「顧客消滅時代のマーケティング」は、コロナ後にこそ求められる

本書ではここまで、「顧客消滅時代」に自分のビジネスを守るために必要なマーケティングの考え方と手法、それを実現するための組織及び自分の改革方法について述べてきた。

それを簡単にまとめれば、

・フロー型からストック型へビジネスを変える
・「ファンダム」を作り、育てていく
・感性と価値で市場を創る

ということになる。

もちろん、これらはコロナ禍の中だけで必要になるというわけではない。むしろ、いわゆる「アフターコロナ」の時代にこそ、求められることだ。

では、「アフターコロナ」の時代とはどんなものになるのか。ビジネスの世界を中心に、簡単に見ていくことにしたい。

□これから一層現実化する三つの未来

人類はこれまで、さまざまな疫病を克服してきた。２０２１年年初時点で、複数のコロナワクチンの開発が進んでおり、春頃からワクチン接種が始まる予定になっている。コロナウイルスが世界に広まってから約1年でここまでこぎつけているのだから、まさに人類の底力を見る思いがする。

では、ワクチンが普及し、人類がＣＯＶＩＤ-19の恐怖から逃れることができれば、世界は再び元通りになるかというと、それはない。前述したように、今起きていることのほとんどは、将来起こるはずだった未来の前倒しだからだ。

在宅勤務に慣れてしまった人が、再び毎日同じ時間に通勤するとは思えない。人通りはある程度戻っても、人々の行動のすべてがかつてに戻ることはない。ＥＣサイトの便利さに慣れてしまった人が、日用品をまたリアル店舗で買い出すとは思えない。コロナウイルスの心配がなくても、人はもう不必要な「接触」や「密」は避けるだろう。一方、必要な「リアル」には人が殺到する。

これからのビジネスは、このような「新しい社会のありよう」をもとに組み立てていく必要がある。

それに加えて、従来から進んでいた変化が、今後ますます加速していくはずだ。

実は私は2012年の書籍『「心の時代」にモノを売る方法』にて、今後ビジネスはこう変わるという三つの潮流を紹介した。

それから8年経ち、さらにコロナショックという予期せぬ出来事が起こったが、この三つの潮流は変わっていないし、むしろ、コロナによってその到来は早まった。以下、その内容を踏まえてご説明していきたい。

◘業種分類は消滅する

一つは「業種分類は消滅する」というものだ。

たとえば美容院なら美容院、書店なら書店という縛りがあいまいになっていく。

この変化は必然である。顧客はモノを買うことで「心が豊かになる」体験を求めている。逆に言えば、食べ物だろうとモノだろうと、それを通じて心を豊かにしてくれるのなら、モノのジャンルは何でもいいのだ。
この動きは、明らかに加速している。書店がいい例だ。かつて「ヴィレッジヴァンガード」のようなさまざまな商品を売る書店は非常に珍しかったが、いまや書店店頭でモノを売ることは当たり前となり、カフェ併設の店も増えている。「カフェなのか、雑貨屋なのかわからない書店」の時代なのだ。

ちなみに何度も事例として取り上げた「バーキース」では今、バーでアクセサリーの販売をするという実験を行っている。ある作家のアクセサリーを販売したところ、ひと月で約10万円の売上があったという。それだけでもすごいことだが、店主は今後、「ウヰスキーを嗜みながらアクセサリーを選ぶ」という場にしていくとともに、自宅で眠っているアクセサリーや指輪のリメイクや修理等も受けつけていこうと考えているという。そして今回の取り組みをきっかけに、さらに別ジャンルの新しいサービスの提供を考えているという。こうなるともう、単なるバーではなくなる。

実はこの「業種分類は消滅する」という潮流は、メーカーにもあてはまる。その好例はソニーだ。かつてはパソコンや家電を作る「製造業」だったが、現在のソニーの収益は映画やゲーム配信などの比率が高まっており、もはや「製造業」という枠でくくれなくなっている。ご存じの方も多いと思うが、『鬼滅の刃』をプロデュースしたアニプレックスも、ソニーグループである。

あるいは、富士フイルムの売上に占めるフイルムの比率はごくわずかであり、一方で、医薬品や化粧品なども手がけている。こうした企業を「○○業」という枠でくくろうとすること自体がナンセンスだ。

そして、元気な企業ほど、こうした枠にてくれないという傾向があるように思う。ソニーも富士フイルムも、コロナ禍にあって好調を維持している。むしろ、旧来型の「○○業」でくくれてしまう企業のほうが、軒並み苦戦している印象だ。

これから自分が何を顧客に提供するかを考えるにあたっては、ぜひ、「自分の今の業種」に縛られず、自由に発想してみてほしい。それが、これからの時代を生き抜くためのカギとなるはずだ。

多くのビジネスが「教育産業」になっていく

次のポイントは、「多くは教育産業となる」ことだ。

このことに、あなたはどういうイメージを持つだろうか。たとえば酒屋さんがワイン教室を開き、ワインの価値を伝えるとともに、月謝をいただく。そういうビジネスのイメージだろうか。

もちろんそういうケースもある。しかしここで言いたいのは、もっと本質的で、もっとシンプルなことだ。たとえばワイン教室を開けるくらいの酒屋だとすれば、そもそもワインには詳しいし、それがどんな料理に合うかもわかるだろう。さらに食べ物にも詳しければ、この時期は旬が何で、それを食べるならどのワインに合わせればいいかわかるだろう。それを教え・伝えることを主とするというのが、ここで言う「教育産業」の本質だ。

その結果、旬の食べ物に合わせて毎月決まってワインを買う顧客が増えれば、それは月謝をいただくのと同じだ。さらにその結果、毎月決まった額で旬の食材とワインをお届けするなら、さらに月謝っぽい。今注目の「サブスクリプションモデル」も、その基本は

「定額制・継続課金」ということだから、これはサブスクリプションモデルだとも言える。

先に事例を紹介したクリーニング店「シルク」。同店店頭には、糀《こうじ》ドリンクや薬膳茶、さまざまな雑貨など、およそクリーニング店らしからぬものも多く並んでいる。

まずこの店では、店主・石井氏は「クリーニングマスター」だ。お客さんが同店にクリーニングに出そうと衣服を持ってくると、「これは家で洗える」と、家で洗えるものはその洗い方まで丁寧に教えて、返す。預かった衣服にシミなどがあると、時にそれを写真に撮り、クリーニングしたあとで、詳細な解説付きで返すこともある。さらに時には「家庭洗濯教室」も開く。石井氏はそもそも、専門的な技術教育を受けたクリーニング職人だ。彼はその腕にかけて、「衣服をきれいにするとは」を教え・伝えているのだ。

そして糀ドリンクや薬膳茶だ。なぜそういうものがあるのかといえば、それは石井氏が教え・伝えたいことだからだ。石井氏自身、30歳の頃に潰瘍性大腸炎で闘病し、腸内状態の重要さ、発酵食品の大切さを痛感したことがある。その経験からお客さんに教え・伝えたいことがある。最近では中医学も学び、自分がこれと思ったものの品揃えもしている。彼にとって「きれいにするもの」は、衣服だけではないのだ。

そして信頼関係で結ばれた顧客は、その石井氏の声に耳を傾け、自分の生活に取り入れる。この店で見られるような本質が「教育産業」なのである。

◘社交サロンが隆盛する

最後に、「社交サロンが隆盛する」。

サロンとは、人と人が集う場所である。今後特に店舗は、モノを買うための場所ではなく、人々が社交し、交流する場になっていく。顧客は店と、あるいはその店に集う人と交流するために、店に足を運ぶようになる。

こうなると、店には商品すら置かなくてもよくなる。たとえば、自動車販売店などが「車を置かないショールーム」を作っているのも、その例だ。店舗はどんどん「コミュニティの場」に変わっていくだろう。

先に、クリーニング店・シルクには素敵な庭があり、カフェのようなイスとテーブルもしつらえられていると言ったが、シルクの顧客はそこに集い、交流する。そういうシーンは、私の会の会員企業のあちこちで見られる。

店主の石井氏に聞いたが、以前クリーニング店経営者の知人が同店を見たとき、なぜこんな庭があるのか、ここは駐車場にしたほうがいいのではないか、なぜ看板ものぼりもないのか、「ワイシャツ○○円～」と表示されるような電光掲示板を出せばいい、などの声が上がったというが、それは石井氏の発想とは対極にある。ここは社交サロンなのである。

一方で、前述したようなオンラインサロンも、さらに活発化していくだろう。また、メーカーがオンライン上で顧客とつながろうとする動きも、ますます加速するはずだ。そして人間はやはり、リアルな接触を求めるもの。ウィズコロナの時代においては、リアルとオンラインを併用しながら、「サロン」を作っていくことがますます重要になっていくだろう。

多くの情報を集めたうえで「ファクトチェック」を

上記のもの以外にも、今後は多くの変化が訪れる。あらゆるビジネスパーソンは、情報を的確に判断し、打ち手を考えることが求められる。

そこでぜひ、意識してもらいたいのは「より多くの判断材料を手に入れる」ということだ。

判断材料が間違っていれば、判断を間違えてしまうし、間違った判断からは結果が出せない。しかも、その敗因分析をしようにも、判断材料が間違っているから正確な分析もできないというスパイラルに陥ってしまう。

現在のような変化の激しい時代、「ＶＵＣＡの時代」には、そのムダにした数カ月が致命的になってしまう。

もちろん、絶対に正しい情報などないかもしれない。しかし、できれば情報は多いほうがいいし、そのソースは複数あるほうがいい。

そして多くの情報を集めながらも、今日、欠かせないのはファクトチェックだ。その情報は誰が言っているのか、出所はどこか。本人が得た一次情報なのか、人から聞いた話をもっともらしく語っているのか。そして、口だけでなく、ファンタジーでもなく、本当に現実の社会の中で結果を出したうえで言っているのか。

◻ 先が見えない時代、ビジネスにより「喜び」を

おそらく、コロナ禍はまだまだ長引くだろう。さらに言えば、ワクチンが流通しても、新たな感染症がいつ、なんどき世界を覆わないとも限らない。

そんな先行き不透明な時代だからこそ、ぜひ意識したいことがある。それは、「ビジネスによって明るい社会を創る・支える」ことだ。

私の会の会員の中には、特に最初の緊急事態宣言下やその直後、顧客とコミュニケーションを取るにあたって、「いつものような楽しげな内容にして、お客さんから怒られないか」と逡巡した人が何人もいた。しかし、実際にやってみると「元気が出た。ありがとう」という反応がほとんどだった。当時、テレビをつけてもニュースはコロナ一色。しかも、親しい人とも会うことができない。そんな状況で不安ばかりが募っていたからこそ、明るいメッセージが響いたのだ。

だからこそあなたにも、どうしたら自分の商品やサービスで「人々に明るさを与えるこ

とができるか」をぜひ、考えてみてほしいのだ。

それを象徴する格好の事例がある。

愛知県にある呉服店「きもの和楽かね宗」では毎年、卒業式用に袴《はかま》のレンタルを行っており、好評を博していた。しかし、２０２０年春は軒並み卒業式が中止となってしまい、袴を着る機会がなくなってしまった。

当初、同店の三代目である石川雅康氏は、全額返金、さらには金券や割引サービスという対応を考えた。しかし、「せっかくの卒業式の機会を失ってしまった学生さんは失望しているはず。何かできることがないのか」と考え直した。

そこで石川氏が考えたのが、袴を着てもらい、店頭で家族揃って「疑似卒業式」を行うという「家族de卒業式♪」プランだった。そのために特製の卒業証書を用意し、紅白まんじゅうをプレゼントするという本格的なもので、近くの写真館での撮影のあっせんも行った。

その結果、キャンセルも無料で受け付けているにもかかわらず、70件のうちキャンセルはたったの2件だったという。思いが通じ合ったと言えるだろう。

不安の多い世の中だからこそ、ビジネスを通してどのように喜びを提供するか。それこそが、これからのビジネスパーソンに求められる発想ではないだろうか。

◻目指すは「顧客がつぶさせない会社」

佐賀県鳥栖市に「たこ姫」というたこ焼き店がある。「多くの人と楽しいことがやりたい」という思いのもと、強固なファンダムを作り上げている店だ。

ここ数年、鳥栖は毎年のように水害に見舞われており、「たこ姫」も２０１８年7月、そして２０１９年は7月と8月、なんと2カ月連続で店が水没するという被害に見舞われた。店主の牧瀬俊春氏もさすがに「正直、心が折れそうになりました」と言う。

しかし、そのたびに店舗のファン顧客がボランティアで復旧の手伝いに来てくれて、短期間で復帰することができた。しかも、回を追うごとにだんだんと片づけの腕が上がり、2回目の災害のときは5日で、3回目になるとなんとたった3日で復旧してしまったのだという。

それだけでなく、使えなくなってしまった業務用冷蔵庫の手配を、お店のファンであった取引業者の人が優先的にしてくれた。さらには、多くの募金も集まった。誰もが「たこ姫をつぶしてはならない」と考えたからこそだ。

茨城県常総市に「ロコレディ」というブティックチェーンがある。このロコレディも、2015年の常総水害で店が水没した。

いつも元気な同社社長・羽富都史彰氏も、このときばかりはどこから復旧したものかと途方に暮れていた。そんな中、市役所の職員がやってきた。そして店に来るなり、「ボランティアさんを優先して派遣しますから、一日も早く、お店を開けていただきたい」と言うのだ。羽富氏はそれに対し、「ブティックのような不急のところよりも、スーパーとかを優先したほうがいいのでは」と答えると、彼らはこう言った。

「ロコレディさんはただの洋服店ではない。町のランドマークですから」

そして数日後に復旧しシャッターが開いた瞬間、町の多くの人が集まり、自然と拍手が起こったのだという。この店においては町中がファンダムだ。

この二つの店は、アフターコロナ時代のビジネスの理想形を表していると思う。つまり、本当に価値ある会社は「顧客がつぶさせない」。そしてあなたももちろん、そういう存在に十分なり得るのである。

◘「不要不急」だが「大事なもの」

２０２０年12月26日付の朝日新聞に、京都大学名誉教授・佐伯啓思氏が、1年を振り返って寄稿されていた。氏は、特にこの年よく使われた言葉「不要不急」と反対語「必要火急」を題材に論じる中で、次のように述べた。「(このコロナ禍で) われわれは、『必要なもの』と『不要なもの』の間に、実は『大事なもの』があることを知った」。

氏はその「大事なもの」を、「信頼できる人間関係、安心できる場所、地域の生活空間、なじみの店、医療や介護の体制、公共交通、大切な書物や音楽、安心できる街路、四季の風景、澄んだ大気、大切な思い出」と列記していたが、２０２０年、ワクワク系の現場には、そういうものが確かにあった。

業種を問わず、ＢtoＢ、ＢtoＣを問わず、２０２０年3月以降共通して見られたこと。それは、「不要不急」なビジネスを営む方が多いワクワク系の店舗や会社が、強く支持されていく姿だった。

人が商品やサービスを買い、店を利用するのは、必ずしも「必要火急」だからではない。人としてより良く生きるためのエネルギーを得るためだ。そして生きることが決して楽ではないこの社会において、「生きるエネルギー」を提供するすべての人や企業は、深く感謝され、ビジネスとしての恩恵も受けるだろう。

２０２０年は、人が「大事なもの」に気づいた年だったと佐伯氏は言うが、まさにそうだった。そしてその気づきは一過性のものでなく、元にも戻らない。コロナが連れて来たものは未来だったからだ。

だからあなたのこれからは良いものになる。新しい社会にとって「大事なもの」が何かが明確になり、道は開けたからだ。

あとはその道を、共に歩む多くの仲間の息吹を感じながら、あなたもただ歩んでいけばいいのである。

本書を読んでくださったあなたへ

あなたへお伝えしたいことが、もう少しある。
文字にはしづらいものゆえ、動画にしておいた。
本ページのQRコード（およびURL）が入り口となる。
またそちらでお目にかかれればと思っている。

https://kosakayuji.com/202102book.php

また、この場を借りて、謝辞も述べておきたい。
本書は、ワクワク系マーケティング実践会の会員企業の、日々の学びと実践によってできあがっている。本書にご登場いただいた多くの方々をはじめ、すべての実践者に敬意を表し、感謝を申し上げたい。そして本書の制作を支えてくれた、PHP研究所の吉村氏をはじめすべての方々へ感謝申し上げる。本書もまた、感性のつながりの中で生み出されたものである。

PHP
Business Shinsho

小阪裕司(こさか・ゆうじ)

オラクルひと・しくみ研究所代表。博士(情報学)。九州大学非常勤講師、日本感性工学会理事。

山口大学人文学部卒業(専攻は美学)。1992年オラクルひと・しくみ研究所を設立。「感性と行動の科学」をもとにしたビジネス理論と実践手法を研究・開発し、2000年からその実践企業の会であるワクワク系マーケティング実践会を主宰。現在、全都道府県・海外から約1500社が参加。約20年に渡る活動で、1万件以上の成果実例を生み出している。近年は研究にも注力し、2011年工学院大学大学院博士後期課程修了、博士(情報学)の学位を取得。学術研究と現場実践を合わせ持った独自の活動は多方面から高い評価を得、産官学にまたがり、年間数多くの講演・講義も行う。2017年からは、この理論と実践手法を全国の企業に広める事業が経済産業省の認定を受けている。

『日経MJ』紙に14年に渡りコラム「招客招福の法則」を連載した他、著書は『「買いたい! 」のスイッチを押す方法』(角川書店)、『「感性」のマーケティング』(PHP研究所)、『価値創造の思考法』(東洋経済新報社)など多数。

PHPビジネス新書 422

「顧客消滅」時代のマーケティング

ファンから始まる「売れるしくみ」の作り方

2021年3月11日　第1版第1刷発行
2021年4月29日　第1版第3刷発行

著者　小阪裕司
発行者　後藤淳一
発行所　株式会社PHP研究所
東京本部　〒135-8137　江東区豊洲5-6-52
第二制作部　☎03-3520-9619(編集)
普及部　☎03-3520-9630(販売)
京都本部　〒601-8411　京都市南区西九条北ノ内町11
PHP INTERFACE　https://www.php.co.jp/
装幀　齋藤 稔(株式会社ジーラム)
組版　有限会社エヴリ・シンク
印刷所　株式会社光邦
製本所　東京美術紙工協業組合

ISBN978-4-569-84866-2

「ＰＨＰビジネス新書」発刊にあたって

わからないことがあったら「インターネット」で何でも一発で調べられる時代。本という形でビジネスの知識を提供することに何の意味があるのか……その一つの答えとして「**血の通った実務書**」というコンセプトを提案させていただくのが本シリーズです。

経営知識やスキルといった、誰が語っても同じに思えるものでも、ビジネス界の第一線で活躍する人の語る言葉には、独特の迫力があります。そんな、「**現場を知る人が本音で語る**」知識を、ビジネスのあらゆる分野においてご提供していきたいと思っております。

本シリーズのシンボルマークは、理屈よりも実用性を重んじた古代ローマ人のイメージです。彼らが残した知識のように、本書の内容が永きにわたって皆様のビジネスのお役に立ち続けることを願っております。

二〇〇六年四月

ＰＨＰ研究所